世界一覚えやすい
中学英語の基本文例 100

高校入試

三浦淳一
Junichi Miura

この本には付録として「赤色チェックシート」がついています。
角ばっていますので、手を切らないようにご注意ください。

★ はじめに

　私自身は大学受験指導を仕事のメインにしていますが、高校生を教えていて、「この生徒は中学レベルの基礎事項が抜けているな」と思うことがあります。それは年々増えています。中学校できちんと英文法を教えなくなった結果でしょう。

　しかし、文法というルールを学ばずに、ただ練習を通じて「慣れる」ことによって英語（に限らずいかなる言語も）を学ぼうとするのは、非常に遠回りな方法です。高校入試はどうにかクリアしても、その後伸び悩むことは確実です。

　本書は、文例を掲載するだけでなく、文法事項の解説を詳しくしています。最初は面倒くさいと感じても、がんばって読んで、理解してから先に進みましょう。「よくわからないけど、とりあえず暗記」というのは、苦痛なうえに、効果も期待できません。本書は中学校で学ぶ英語の文法事項を、例文を通じて効率よくマスターできるように構成されています。また、本書を利用していただく方として、以下のような方を想定しています。

- 高校受験に向けて勉強している中学生
- 中高一貫校の中学生、高校生
- 中学の学習事項が確実にマスターできていない高校生
- 英語を基礎から学び直したい大学生、社会人

　本書の例文をしっかりと覚える（理解＋暗記）ことで、間違いなく英語力はアップします。自分ひとりでもいいですが、教わっている先生にチェックしてもらったり、友達どうしで問題を出し合ったりして、楽しみながら学習してもらいたいと思います。

三浦淳一

もくじ 3

★ [世界一覚えやすい 中学英語の基本文例100] **もくじ**

はじめに 2 　　この本の特長／音声ダウンロードについて 11

第1章 ★ 中 1 編

第1節　be動詞
- テーマ **1**　be動詞の文①（イコール／肯定文）　I am a pianist.　　12
- テーマ **2**　be動詞の文②（存在／肯定文）　I am in my room.　　14
- テーマ **3**　be動詞の文③（否定文）　I am not a doctor.　　16
- テーマ **4**　be動詞の文④（疑問文）　Are you hungry?　　18

第2節　一般動詞
- テーマ **5**　一般動詞の文①（肯定文）　I play soccer.　　20
- テーマ **6**　一般動詞の文②（否定文）　I don't like sports.　　22
- テーマ **7**　一般動詞の文③（疑問文）　Do you walk to school?　　24

第3節　疑問詞の疑問文
- テーマ **8**　疑問詞の疑問文①　What is this?　　26
- テーマ **9**　疑問詞の疑問文②　When do you play soccer?　　28
- テーマ **10**　疑問詞の疑問文③　Where are you from?　　30
- テーマ **11**　疑問詞の疑問文④　Who is that tall man?　　32
- テーマ **12**　疑問詞の疑問文⑤　Whose is this pen?　　34
- テーマ **13**　疑問詞の疑問文⑥　Why are you angry?　　36
- テーマ **14**　疑問詞の疑問文⑦　How are you?　　38
- テーマ **15**　疑問詞の疑問文⑧　How old are you?　　40
- テーマ **16**　疑問詞の疑問文⑨

　　　　　　　　Which do you like, apples or oranges?　　42

第4節　命令文
- テーマ **17**　命令文の基本　Stand up.　　44

テーマ 18	否定の命令文／ていねいな命令文	
	Don't open the windows.	46
テーマ 19	勧誘の命令文　Let's go to Disneyland.	48

第5節　助動詞

テーマ 20	助動詞 can ①（肯定文）　I can speak Chinese.	50
テーマ 21	助動詞 can ②（否定文）　I can't play the violin.	52
テーマ 22	助動詞 can ③（疑問文）　Can you speak Spanish?	54

第6節　現在進行形

テーマ 23	現在進行形①（肯定文／否定文）	
	She is washing the dishes.	56
テーマ 24	現在進行形②（疑問文）	
	Is your mother cooking in the kitchen?	58

第7節　過去形①

テーマ 25	be 動詞の過去形①（肯定文）　I was a nurse.	60
テーマ 26	be 動詞の過去形②（否定文）	
	My father wasn't angry then.	62
テーマ 27	be 動詞の過去形③（疑問文）	
	Were you sleepy in class?	64

第8節　過去形②

テーマ 28	一般動詞の過去形①（肯定文）	
	She played the piano yesterday.	66
テーマ 29	一般動詞の過去形②（否定文）	
	I didn't like Chinese food.	68
テーマ 30	一般動詞の過去形③（疑問文）	
	Did you enjoy your trip to Sapporo?	70

もくじ 5

第2章 ★ 中2編

第1節　過去進行形

テーマ 31　過去進行形①（肯定文／否定文）
　　　　　　He was talking on the cellphone then. 　74

テーマ 32　過去進行形②（疑問文）
　　　　　　Were you waiting for your girlfriend? 　76

第2節　未来形

テーマ 33　未来形①（肯定文／否定文）　It will rain tomorrow. 　78
テーマ 34　未来形②（疑問文）　Will it be fine tomorrow? 　80

第3節　There is [are] ～

テーマ 35　There is [are] ～①（肯定文／否定文）
　　　　　　There is a tall tree in the garden. 　82
テーマ 36　There is [are] ～②（疑問文）
　　　　　　Is there a bookstore around here? 　84

第4節　助動詞

テーマ 37　助動詞 must　I must do my homework. 　86
テーマ 38　助動詞 may　He may come late for the meeting. 　88
テーマ 39　助動詞 shall　Shall I carry your bag? 　90
テーマ 40　助動詞 should など　You should study English hard. 　92

第5節　接続詞

テーマ 41　接続詞 and / or　I like baseball and soccer. 　94
テーマ 42　接続詞 but / so　He is rich, but he isn't happy. 　96
テーマ 43　接続詞 that ①　I know that he is a doctor. 　98

テーマ 44	接続詞 that ②	
	I am sure that his team will win the game.	100
テーマ 45	"時"を表す接続詞	
	He was studying when I visited him.	102
テーマ 46	"条件"／"理由"を表す接続詞　If you turn right	
	at this corner, you'll find the police box.	104

第6節　不定詞

テーマ 47	不定詞の名詞用法　To study English is important.	106
テーマ 48	不定詞の形容詞用法　I have a lot of homework to do.	108
テーマ 49	不定詞の副詞用法	
	My brother went to Paris to study art.	110

第7節　動名詞

テーマ 50	動名詞の働き　Smoking is bad for your health.	112
テーマ 51	前置詞の後の動名詞	
	Wash your hands before eating lunch.	114

第8節　比較

テーマ 52	as 原級 as ～　He is as tall as his brother.	116
テーマ 53	比較級 than ～　He is taller than his father.	118
テーマ 54	最上級　He is the tallest boy in his class.	120
テーマ 55	比較の疑問文　Which is larger, Tokyo or Osaka?	122

第9節　文型

テーマ 56	第1文型　Dogs bark.	124
テーマ 57	第2文型　His son became a doctor.	126
テーマ 58	第3文型　I play tennis.	128
テーマ 59	第4文型　I gave him an interesting book.	130

第10節 受身形

テーマ 60　第5文型　I made my teacher angry.　132

テーマ 61　第3文型の受身形
　　　　　This picture was painted by my father.　134
テーマ 62　第4文型の受身形
　　　　　I was taught English by Mr.Brown.　136
テーマ 63　第5文型の受身形
　　　　　Mr.Hashimoto was elected mayor of Osaka City.　138
テーマ 64　受身形（否定文／疑問文）
　　　　　Who was this window broken by?　140
テーマ 65　by 以外の前置詞を使う受身形
　　　　　Mt.Fuji is known to many foreigners.　142
テーマ 66　be made の後の前置詞　Cheese is made from milk.　144

第3章 ★ 中3編

第1節　現在完了形

テーマ 67　現在完了形①（肯定文）I have finished my homework.　148
テーマ 68　現在完了形②（否定文）
　　　　　I have not read this magazine yet.　150
テーマ 69　現在完了形③（疑問文①）
　　　　　Have you eaten your dessert yet?　152
テーマ 70　現在完了形④（疑問文②）
　　　　　How long have you lived in Hawaii?　154
テーマ 71　現在完了形⑤（その他）
　　　　　I have just been to the post office.　156

第2節 不定詞

テーマ 72 疑問詞＋不定詞
I don't know how to solve this math problem. 158

テーマ 73 It ... to ＋動詞の原形
It is difficult to get a perfect score. 160

テーマ 74 V＋O＋不定詞
I asked my uncle to repair my bicycle. 162

テーマ 75 too ... to ＋動詞の原形　I was too tired to walk. 164

テーマ 76 ... enough to ＋動詞の原形
John is tall enough to touch the ceiling. 166

テーマ 77 不定詞の副詞用法（発展編）
He must be a genius to solve such a difficult problem. 168

第3節 分詞

テーマ 78 現在分詞と過去分詞　Look at the walking dog. 170

テーマ 79 後ろから前の名詞を修飾する分詞
Look at the girl running in the park. 172

テーマ 80 分詞からできた形容詞　That new movie is exciting. 174

第4節 関係代名詞

テーマ 81 関係代名詞①
The book that I read yesterday was interesting. 176

テーマ 82 関係代名詞②（主格）
This is a song that is popular among young people. 178

テーマ 83 関係代名詞の省略
The cake your mother made is delicious. 180

第5節 間接疑問

テーマ 84 間接疑問①　I don't know why he is angry. 182

テーマ 85	間接疑問②	I don't know what is in this box.	184
テーマ 86	間接疑問③		
	When do you think this game will end?		186

第6節 付加疑問

テーマ 87	付加疑問①		
	You are a high school student, aren't you?		188
テーマ 88	付加疑問②	Wait a minute, will you?	190

第7節 感嘆文

| テーマ 89 | 感嘆文① | How beautiful Mt. Fuji is ! | 192 |
| テーマ 90 | 感嘆文② | What a beautiful mountain Mt. Fuji is ! | 194 |

発 展 編

テーマ 91	使役動詞	Our teacher made me go home.	196
テーマ 92	知覚動詞	I saw Anna cross the street.	198
テーマ 93	V＋O＋分詞	I had my bike stolen yesterday.	200
テーマ 94	分詞構文		
	Walking along the street, I met my friend.		202
テーマ 95	現在完了進行形		
	It has been snowing since last night.		204
テーマ 96	過去完了形		
	The rain had already stopped when I got home.		206
テーマ 97	前置詞＋関係代名詞		
	This is the house in which I lived when I was young.		208
テーマ 98	関係代名詞 whose		
	I have a friend whose father is a singer.		210

テーマ 99 カンマ＋関係代名詞
　　　　　　He has two sons, who are doctors. ……… 212
テーマ 100 さまざまな比較表現
　　　　　　This computer is much more expensive than that one. 214

資料編
人称代名詞、3単現の -s のつけ方　**218**
-ing のつけ方、-ed のつけ方（規則変化の場合）　**219**
不規則動詞の変化　**220**
比較級と最上級、曜日と月　**222**
数字　**223**

コラム
進行形にしてはいけない動詞とは？　**72**
修飾は〈後ろから前へ〉？　**146**
現在完了形は現在形の一種？　**216**

　　　　　　　　　　　　　　　　　　　　イラスト：たなべひろし

★ 本書の特長 ★

まずは基本文と日本語訳をチェックしよう！

基本文に関する文法事項を解説。簡潔にまとめてあるので理解が深まる！

英単語の意味も赤シートを使ってチェックしてみよう！

基本文に関連する例文を掲載。カコミ内には注意すべき点などの役立つ情報が。音声は日本語訳→英文の順番で収録されています。

例文を日本語訳にできるかチェック、さらに日本語訳から英文への変換にもチャレンジしてみよう！

★ 音声ダウンロードについて ★

以下の URL にアクセスし、アイコンをクリックして音声データをダウンロードしてください。

| http://www.chukei.co.jp/onsei | ID：eigo
パスワード：bunrei |

- ダウンロードはパソコンでおこなってください。データ保存のため、パソコンの空き容量約 72MB が必要です。
- 音声をお聴きいただくには mp3 ファイルを再生できる環境が必要です。音声ファイルは圧縮されていますので、解凍してご利用ください。
- 本サービスは予告なく終了する場合がありますので、あらかじめご了承ください。

第1節　be動詞

be動詞の文❶〈イコール〉── 肯定文

基本文 1

I am a pianist.

私はピアニストです。

 1-1　**She is an English teacher.**

> she「彼女」は「3人称単数」だから、be動詞はis。

 1-2　**He is tall.**

> he「彼」は「3人称単数」だから、be動詞はis。

 1-3　**We are junior high school students.**

> we「私たち」は「1人称複数」だから、be動詞はare。

 1-4　**This is coffee.**

> this「これ」は「3人称単数」だから、be動詞はis。

---

pianist「ピアニスト」　**English**「英語(の)」　**teacher**「先生、教師」　**tall**「背が高い」

ポイントをおさえよう!!

❶ 「主語は…です」という〈イコール〉を表す文（肯定文）は、
  主語＋am／are／is ＋ … ．　となります。
  ★この場合、主語には名詞、…には〈名詞〉か〈形容詞〉が入ります。

❷ be動詞の使い分けは、下の表のようになります。

	単　　数	複　　数
1人称	am	are
2人称	are	are
3人称	is	are

★「1人称」＝「私」または「私たち」
★「2人称」＝「あなた」または「あなたたち」
★「3人称」＝それ以外（「彼」「彼女」「彼ら」「彼女たち」「それ」「それら」「これ」「これら」など）

▶ 彼女は英語の先生です。

▶ 彼は背が高いです。

▶ 私たちは中学生です。

▶ これはコーヒーです。

---

junior high school「中学校」　**student**「生徒、学生」　**coffee**「コーヒー」

第1節 be動詞

テーマ 2 be動詞の文 ❷〈存在〉── 肯定文

基本文 2

I am in my room.

私は自分の部屋にいます。

例文 2-1 **You are near the station.**

> you「あなた」は「2人称単数」だから、be動詞はare。

例文 2-2 **They are at home.**

> they「彼ら」は「3人称複数」だから、be動詞はare。

例文 2-3 **My mother is in the kitchen.**

> my mother「私の母」は「3人称単数」だから、be動詞はis。

例文 2-4 **Your textbook is on the desk.**

> your textbook「あなたの教科書」は「3人称単数」だから、be動詞はis。

---

room「部屋」　near「〜の近くに」　station「駅」　at home「家にいて」　mother「母」

第1章 中 1 編 15

第 1 節

ポイントをおさえよう!!

❶ 「主語は【場所】にいる[ある]」という〈存在〉を表す文(肯定文)は、
 主語+am / are / is +【場所】 となります。
 ★この場合、主語には名詞、【場所】には〈前置詞+名詞〉または〈副詞〉が入ります。

❷ be動詞の使い分けは、下の表のようになります。

	単 数	複 数
1人称	am	are
2人称	are	are
3人称	is	are

★「1人称」=「私」または「私たち」
★「2人称」=「あなた」または「あなたたち」
★「3人称」=それ以外(「彼」「彼女」「彼ら」「彼女たち」「それ」「それら」「これ」「これら」など)

▶ あなたは駅の近くにいます。

▶ 彼らは家にいます。

▶ 私の母は台所にいます。

▶ あなたの教科書は机の上にあります。

kitchen「台所」 **textbook**「教科書」 **desk**「机」

第1節　be動詞

3 be動詞の文 ❸ ― 否 定 文

基本文 3

I am not a doctor.
[I'm not a doctor.]

私は医者ではありません。

 例文 3-1

My father is not young.

> my father「私の父」は「3人称単数」だから、be動詞はis。

 例文 3-2

His brother is not a college student.

> his brother「彼のお兄さん（弟）」は「3人称単数」だから、be動詞はis。

 例文 3-3

Her sister is not at school now.

> her sister「彼女のお姉さん（妹）」は「3人称単数」だから、be動詞はis。

 例文 3-4

These are not easy questions.

> these「これら」は「3人称複数」だから、be動詞はare。

---

doctor「医者、医師」　**father**「父」　**young**「若い」　**brother**「兄、弟」　**college**「大学」
question「問題、質問」

ポイントをおさえよう!!

① 「主語は…ではありません」という〈イコール〉を表す文の否定文は、be動詞の後にnotをつけて、
主語＋am / are / is＋not＋… . となります。

② 「主語は【場所】にいない［ない］」という〈存在〉を表す文の否定文は、be動詞の後にnotをつけて、
主語＋am / are / is＋not＋【場所】 となります。

③ be動詞の使い分けは、下の表のようになります。

	単　数	複　数
1人称	am	are
2人称	are	are
3人称	is	are

そろそろ覚えましょうね。

★ is notはisn't、are notはaren'tという短縮形も可。

★ am notには短縮形がありません。amn't(×)などとしないように！

▶ 私の父は若くありません。

▶ 彼のお兄さん（弟）は大学生ではありません。

▶ 彼女のお姉さん（妹）は今学校にいません。

▶ これらはやさしい問題ではありません。

sister「姉、妹」　**school**「学校」　**now**「今」　**easy**「簡単な、やさしい」

第1節　be動詞

テーマ 4 be動詞の文❹ — 疑問文

基本文 4

Are you hungry?
—— No, I'm not.

あなたはおなかがすいていますか？
　—— いいえ、すいていません。

例文 4-1

Is your sister in the living room?
　—— Yes, she is.

> your sister「あなたのお姉さん(妹)」は「3人称単数」だから、be動詞はis。

例文 4-2

Are your classmates kind?
　—— Yes, they are.

> your classmates「あなたの同級生」は「3人称複数」だから、be動詞はare。

例文 4-3

Is English your favorite subject?
　—— No, it isn't.

> English「英語」は「3人称単数」だから、be動詞はis。

例文 4-4

Are your parents from Nagoya?
　—— No, they aren't.

> your parents「あなたの両親」は「3人称複数」だから、be動詞はare。

---

hungry「おなかがすいて、空腹で」　**living room**「居間」
subject「教科、科目」　**parent**「親」

ポイントをおさえよう!!

① 「主語は…ですか?」という〈イコール〉を表す文の疑問文は、主語の前にbe動詞を移動し、

Am / Are / Is + 主語 + …? となります。

★文末は「.」(ピリオド)ではなく、「?」(クエスチョン・マーク)になるので注意しましょう!

② 「主語は【場所】にいますか[ありますか]?」という〈存在〉を表す文の疑問文は、主語の前にbe動詞を移動し、

Am / Are / Is + 主語 + 【場所】? となります。

be動詞の使い分けは、肯定文・否定文の場合と同様です。

③ be動詞の疑問文に対する答え方は、以下のようになります。

Yes, 主語 + am / are / is. 「はい、そうです」

No, 主語 + am not / are not [aren't] / is not [isn't].
「いいえ、違います」

▶ あなたのお姉さん(妹)は居間にいますか?
　── はい、います。

▶ あなたの同級生は親切ですか?
　── はい、親切です。

▶ 英語はあなたの好きな教科ですか?
　── いいえ、違います。

▶ あなたの両親は名古屋出身ですか?
　── いいえ、違います。

---

classmate「クラスメート、同級生」　kind「親切な」　favorite「大好きな、お気に入りの」

テーマ 5 一般動詞の文❶ ── 肯定文

第2節　一般動詞

基本文 5

I play soccer.

私はサッカーをします。

例文 5-1
My father has a car.

my fatherは「3人称単数」だから、have→has。

例文 5-2
They use personal computers.

they「彼ら」は「3人称複数」だから、useはそのまま。

例文 5-3
His brother studies hard.

his brother「彼のお兄さん(弟)」は「3人称単数」だから、study→studies。

例文 5-4
His sisters cook well.

his sisters「彼のお姉さん(妹)たち」は「3人称複数」だから、cookはそのまま。

---

play「(スポーツを)する」　**soccer**「サッカー」　**car**「車」　**use**「使う」
cook「料理する」　**well**「上手に」

ポイントをおさえよう!!

❶ 「主語は…します」という一般動詞(be動詞以外)の文(肯定文)は、**主語＋一般動詞… .** となります。
❷ 主語が「3人称単数」の場合、一般動詞に -s をつけます。この -s のことを、"3単現の -s"といいます。「3単現」とは「3人称単数現在」の略です(現在以外の文については、後で勉強します)。
❸ "3単現の -s"のつけ方は以下のとおりです。
　1　-o / -s / -x / -ch / -sh で終わる動詞 ➡ -es をつける
　　　例　go ➡ goes / pass ➡ passes / wash ➡ washes
　2　〈子音字＋ -y〉で終わる動詞 ➡ -y を -i に変えて -es をつける
　　　例　study ➡ studies / cry ➡ cries
　※〈母音字＋ -y〉で終わる動詞→ -s をつける　例　play ➡ plays
　3　その他 ➡ -s をつける
　　　例　sing ➡ sings / like ➡ likes　【例外：have ➡ has】

▶ 私の父は車を持っています。

▶ 彼らはパソコンを使います。

▶ 彼のお兄さん（弟）は一生懸命勉強します。

▶ 彼のお姉さん（妹）たちは料理が上手です。

personal computer「パソコン」　**study**「勉強する」　**hard**「一生懸命に」

第2節　一般動詞

 一般動詞の文❷ ― 否定文

I don't like sports.

私はスポーツが好きではありません。

He doesn't have a dictionary.

> he「彼」は「3人称単数」だから、doesn'tをhaveの前に置く。doesn't hasとしないように注意。

We don't play video games.

> we「私たち」は「1人称複数」だから、don'tをplayの前に置く。

Those boys don't wear school uniforms.

> those boys「あの少年たち」は「3人称複数」だから、don'tをwearの前に置く。

She doesn't help her mother in the kitchen.

> sheは「3人称単数」だから、doesn'tをhelpの前に置く。

like「好む、好きだ」　**sport**「スポーツ」　**have**「持っている」　**dictionary**「辞書」
wear「着ている」　**uniform**「制服」　**help**「手伝う」

ポイントをおさえよう!!

❶ 「主語は…しません」という一般動詞(be動詞以外の動詞)の文(否定文)は、一般動詞の前にdon't [doesn't]を置いて、
主語＋don't / doesn't＋一般動詞... . となります。
don'tはdo notの、doesn'tはdoes notの短縮形です。短縮形のほうがよく使われます。

❷ 主語が「3人称単数」の場合、don'tの代わりにdoesn'tを使います。この場合、後ろにある一般動詞には -s をつけないので注意しましょう。
× She doesn't lives in Tokyo.
○ She doesn't live in Tokyo.
彼女は東京に住んでいません。

▶ 彼は辞書を持っていません。

▶ 私たちはテレビゲームをしません。

▶ あの少年たちは制服を着ていません。

▶ 彼女は台所でお母さんの手伝いをしません。

---

play「(ゲームなどを)する」 **video game**「テレビゲーム」 **boy**「少年、男の子」

第2節 一般動詞

テーマ 7 一般動詞の文❸ ― 疑問文

基本文 7

Do you walk to school?

あなたは学校まで歩いて行きますか？

例文 7-1

Do you know that girl?

> you「あなた」は「2人称単数」だから、Doが前に置かれる。

例文 7-2

Do your parents speak English?

> your parents「あなたの両親」は「3人称複数」だから、Doが前に置かれる。

例文 7-3

Does this bus go to the station?

> this bus「このバス」は「3人称単数」だから、Doesが前に置かれる。

例文 7-4

Does your brother belong to the basketball club?

> your brother「あなたのお兄さん(弟)」は「3人称単数」だから、Doesが前に置かれる。

---

walk「歩く」 **know**「知っている」 **girl**「少女、女の子」 **speak**「話す」 **bus**「バス」
basketball「バスケットボール」 **club**「クラブ、〜部」

ポイントをおさえよう!!

❶ 「主語は…しますか？」という一般動詞(be動詞以外の動詞)の文(疑問文)は、主語の前にDo [Does] を置いて

$Do/Does＋主語＋一般動詞…？$　となります。

★文末は「.」(ピリオド)ではなく、「？」(クエスチョン・マーク)になるので注意しましょう！

❷ 主語が「3人称単数」の場合、Doの代わりにDoesを使います。この場合、後ろにある一般動詞には -s をつけないので注意しましょう。

　× Does she lives in Tokyo?
　○ Does she live in Tokyo?
　　彼女は東京に住んでいますか？

▶ あなたはあの女の子を知っていますか？

▶ あなたの両親は英語を話しますか？

▶ このバスは駅まで行きますか？

▶ あなたのお兄さん（弟）はバスケットボール部に所属していますか？

---

go「行く」　**station**「駅」　**belong to**~「~に所属している」

第3節　疑問詞の疑問文

テーマ 8 疑問詞の疑問文❶ ── What

基本文 8

What is this?
[What's]

── **It's my cellphone.**

これは何ですか？
── 私の携帯電話です。

例文 8-1

What is that?
── **It's my father's computer.**

> Whatの後にはis that と疑問文の形が続く。

例文 8-2

What do you have in your hand?
── **I have my glasses.**

> Whatの後にはdo you have... と疑問文の形が続く。

例文 8-3

What subject does your brother like?
── **He likes math.**

> What subjectがセットになり、その後には does your brother likeと疑問文の形が続く。

例文 8-4

What kind of books do you like?
── **I like science fiction.**

> What kind of〜は「どんな種類の〜」という意味で、セットで1つの疑問詞のように使える。

---

cellphone「携帯電話」 **computer**「コンピュータ」　**hand**「手」

ポイントをおさえよう!!

❶ what「何」、when「いつ」、where「どこ」などの単語を「疑問詞」といいます。これらは文頭に置かれ、その後にbe動詞や一般動詞の疑問文の形が続きます。

疑問詞＋is / are / am＋主語…？
疑問詞＋do / does＋主語＋一般動詞…？

❷ What isの短縮形はWhat'sです。What is [What's]～?「～は何ですか？」に対しては、It's～. で答えるのがふつうです。

❸ Whatは、What sport...?「何のスポーツ…？」、What subject...?「何の教科…？」のように、名詞とセットで使うこともできます。

▶ あれは何ですか？
　　—— 父のコンピュータです。

▶ あなたは手に何を持っていますか？
　　—— 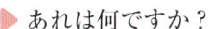メガネを持っています。

▶ あなたのお兄さん（弟）は何の教科が好きですか？
　　—— 彼は数学が好きです。

▶ あなたはどんな種類の本が好きですか？
　　—— 私はSF小説が好きです。

---

glasses「メガネ」　**math**「数学」　**kind**「種類」　**science fiction**「SF小説」

第3節　疑問詞の疑問文

 9 疑問詞の疑問文❷ ― When/What time

基本文

When do you play soccer?
—— After school.

あなたはいつサッカーをしますか？
—— 放課後です。

When is your birthday?
—— It's April 6.

When does your sister practice the violin?
—— She practices it in the afternoon.

> She practices itを省略して、In the afternoon.と答えてもよい。

What time is it?
—— It's twelve twenty.

> What time is it? のitは「時」を表し、「それ」という意味ではない。

What time do you get up?
—— I usually get up at seven.

> 一般動詞の後に時刻を書く場合、前置詞atが必要。

---

after school「放課後に」　birthday「誕生日」　April「4月」　practice「練習する」

ポイントをおさえよう!!

❶ when「いつ」で時を尋ねる疑問文を作れます。what time「何時」は、さらに細かく「時刻」を尋ねる言い方です。what timeと2語でセットになり、1つの疑問詞として働きます。

❷ whenの疑問文には、時を表す言い方で答えます。before〜「〜の前に」やafter〜「〜の後に」などを覚えておくと便利です。日付を答える場合、(on) April 6(読み方はApril (the) sixth)のようにします。

❸ what timeの疑問文には、時刻を答えます。(at) six、(at) six fifteenのようにします。「〜時ごろ」と言いたいときは、around six(「6時ごろ」)のように言います。

▶ あなたの誕生日はいつですか？
—— 4月6日です。

▶ あなたのお姉さん（妹）はいつバイオリンの練習をしますか？
—— 彼女は午後に練習します。

▶ 何時ですか？
—— 12時20分です。

▶ あなたは何時に起きますか？
—— 私はたいてい、7時に起きます。

---

violin「バイオリン」　**every day**「毎日」　**get up**「起きる」　**usually**「ふだん、たいてい」

 第3節　疑問詞の疑問文

10 疑問詞の疑問文❸ —— Where

基本文 10

Where are you from?
―― I'm from New York.

あなたはどちらの出身ですか？
―― ニューヨークです。

10-1
Where is your sister?
―― She is at school.

10-2
Where is my bag?
―― It's on the table.

10-3
Where do you live?
―― I live in Nagoya.

10-4
Where does he practice the guitar?
―― In a studio.

---

be from~「～出身で」　**bag**[カバン、バッグ]　**table**[テーブル、食卓]

ポイントをおさえよう!!

1. where「どこ」で場所を尋ねる疑問文を作れます。
2. 出身地を尋ねる文は、
   Where＋is／are／am＋主語＋from？
   または
   Where＋do／does＋主語＋come from？
   とします。答え方は、
   主語＋is／are／am／come (s) from… . とします。
3. 「主語はどこにいますか[ありますか]？」と尋ねる場合は、
   Where＋is／are／am＋主語？ とします。
4. 「主語はどこで…しますか？」と尋ねる場合は、
   Where＋do／does＋主語＋一般動詞…？ とします。

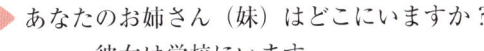

第3節

▶ あなたのお姉さん（妹）はどこにいますか？
　　—— 彼女は学校にいます。

▶ 私のバッグはどこにありますか？
　　—— テーブルの上にあります。

▶ あなたはどこに住んでいるのですか？
　　—— 私は名古屋に住んでいます。

▶ 彼はどこでギターの練習をするのですか？
　　—— スタジオです。

---

live「住んでいる」　**guitar**「ギター」　**studio**「スタジオ」

第3節　疑問詞の疑問文

 疑問詞の疑問文❹ — Who

基本文 11

Who is that tall man?
—— He's our English teacher.

あの背が高い男の人は誰ですか？
—— 彼は私たちの英語の先生です。

 11-1

Who is your science teacher?
—— Mr. Yanagi.

 11-2

Who's Katsunori?
—— He's my brother.

 11-3

Who lives in that house?
—— Kenji does.

11-4

Who does he love?
—— He loves his wife.

---

science「理科、科学」　house「家」　love「愛する、大好きである」　wife「妻」

ポイントをおさえよう!!

1. who「誰」で、人(の名前)を尋ねる疑問文を作れます。
2. 「主語は誰ですか?」と尋ねる場合は、
   Who+is/are/am+主語? とします。答え方は、
   主語+is/are/am... . とします。
3. 「誰が…しますか?」「誰が…ですか?」と尋ねる場合は、
   Who+一般動詞/is/are/am...?
   とします。このようにWhoが主語になっている場合、その後に動詞を続けます。
4. 「主語は誰を…しますか?」と尋ねる場合は、
   Who+do/does+主語+一般動詞...?
   とします。

▶ あなたの理科の先生は誰ですか?
 —— 柳先生です。

▶ カツノリとは誰のことですか?
 —— 私の兄(弟)です。

▶ 誰があの家に住んでいるのですか?
 —— ケンジが住んでいます。

▶ 彼は誰を愛していますか?
 —— 彼の妻を愛しています。

第3節 疑問詞の疑問文

テーマ12 疑問詞の疑問文❺ —— Whose

基本文 12

Whose is this pen?
—— It's mine.

このペンは誰のものですか？
—— 私のです。

例文 12-1
Whose is that bag?
—— It's Taro's.

whoseが単独で使われ、that bagが主語。

例文 12-2
Whose bag is that?
—— It's Hanako's.

whose bagがセットで使われ、thatが主語。

例文 12-3
Whose bicycle is that?
—— It's his.

his「彼のもの」は所有格his「彼の〜」と同じ形。

例文 12-4
Whose are those shoes?
—— They're my classmates'.

もともと複数形で-sがついている場合は、「's」ではなく「'」だけをつける（× They're my classmates's.）。

pen「ペン」 bicycle「自転車」 shoes「靴」

第1章 中 1 編 35

ポイントをおさえよう!!

❶ whose「誰の」で、所有者を尋ねる疑問文を作れます。

❷ 「主語は誰のものですか？」と尋ねる場合は、
Whose＋is／are＋主語？ とします。答え方は、
主語＋is／are＋〜のもの…. とします。
「〜のもの」という言い方は、以下のようにします。
「私のもの」＝mine　　　「あなた(たち)のもの」＝yours
「彼のもの」＝his　　　　「彼女のもの」＝hers
「私たちのもの」＝ours　「彼ら[彼女たち]のもの」＝theirs
★これ以外の場合、名詞に「' s」をつけて、Tom' sやmy teacher' s
のようにします。

❸ whoseは名詞とセットで使い、「誰のペン？」「誰の家？」「誰の弟？」
のように尋ねることもできます。その場合は、
Whose＋名詞＋is／are＋主語？ となります。

第3節

▶ あのバッグは誰のものですか？
　　── タロウのものです。

▶ あれは誰のバッグですか？
　　── ハナコのものです。

▶ あれは誰の自転車ですか？
　　── 彼のものです。

▶ あの靴は誰のものですか？
　　── 私の同級生のものです。

第3節　疑問詞の疑問文

13 疑問詞の疑問文❻ — Why

基本文 13

Why are you angry?
—— Because he isn't kind to me.

なぜあなたは怒っているのですか？
—— 彼が親切にしてくれないからです。

例文 13-1
Why do you study math hard?
—— Because I like it.

例文 13-2
Why is she popular?
—— Because she is cute.

例文 13-3
Why do you like that book?
—— Because it's interesting.

例文 13-4
Why are your parents at home?
—— Because it's hot outside.

angry「怒って」　**kind**「親切な」　**popular**「人気がある」　**cute**「かわいい」

ポイントをおさえよう!!

❶ why「なぜ」で、理由を尋ねる疑問文を作れます。
whyの後はふつうの疑問文の形になります。
「主語がなぜ…なのですか？」という疑問文は
Why+is/are/am+主語+…?　となります。
「主語はなぜ…するのですか？」という疑問文は、
Why+do/does+主語+一般動詞…?　とします。

❷ whyで理由を尋ねられた場合の答え方は、
Because… .
とします。これで、「…だからです」の意味になります。Becauseの後にはふつうの文の形が続きます。

▶ なぜあなたは一生懸命に数学の勉強をするのですか？
　―― 好きだからです。

▶ なぜ彼女は人気があるのですか？
　―― かわいいからです。

▶ なぜあなたはあの本が好きなのですか？
　―― おもしろいからです。

▶ なぜあなたの両親は家にいるのですか？
　―― 外は暑いからです。

---

interesting「おもしろい、興味深い」　**hot**「暑い」　**outside**「外で、屋外で」

第3節　疑問詞の疑問文

テーマ14 疑問詞の疑問文❼ ── How（単独）

基本文 14

How are you?
── Fine, thank you.

お元気ですか（調子はいかがですか）?
── 元気です、ありがとう。

例文 14-1
How is the weather today?
── It's rainy.

> It's rainy. の it は「それ」という意味ではなく、天候などを表す。

例文 14-2
How do you come to school?
── By bus.

> 交通手段は〈by＋乗り物（bus/train/car/bicycle...）〉で表す。「徒歩で」はon footという。

例文 14-3
How do you like your new teacher?
── I like him very much.

例文 14-4
How about some tea?
── No, thanks.

---

fine［元気な］　weather［天気］　today［今日］　rainy［雨の］　tea［紅茶］

ポイントをおさえよう!!

1. howは単独で使うと「どんな」「どのように」と、様子や方法を尋ねる疑問文を作れます。
2. 人や物事の様子を尋ねる疑問文は、
   How＋is / are / am＋主語＋…？ となります。
3. 方法(やり方)を尋ねる疑問文は、
   How＋do / does＋主語＋一般動詞…？ とします。
4. howを用いる特別な疑問文としては、
   1 **How about～？**
      「～はいかがですか？」(何かを勧めるときなどの言い方)
   2 **How do you do？**
      「はじめまして」(初対面の人とのあいさつ)
   3 **How do you like～？**
      「～は気に入りましたか？」(感想を尋ねる言い方)
   などを覚えておきましょう。

▶ 今日の天気はどうですか？
　　── 雨です。

▶ どうやって学校に通っているのですか？
　　── バスです。

▶ 新しい先生はどうですか？
　　── とても好きです。

▶ 紅茶はいかがですか？
　　── いいえ、けっこうです。

テーマ 15 疑問詞の疑問文❽ — How＋形容詞/副詞

第3節　疑問詞の疑問文

基本文 15

How old are you?
　── I'm thirteen (years old).

あなたは何歳ですか？
　── 13歳です。

例文 15-1

How tall is your brother?
　── He's about 180 centimeters.

例文 15-2

How far is it from here to the station?
　── It's three miles.

例文 15-3

How many cats does Keiko have?
　── She has ten cats.

例文 15-4

How much is this shirt?
　── It's twenty dollars.

---

old「年をとって」　about「およそ、約」　centimeter「センチメートル」　far「遠い」

ポイントをおさえよう!!

❶ howは形容詞や副詞とセットで使うと、程度を尋ねる言い方になります。How old...?は「どの程度年をとっているのですか？」、つまり「何歳ですか？」という言い方です（物の古さを尋ねるときにも使えます）。

❷ 程度を尋ねる疑問文の形は次のとおりです。
How＋形／副＋is／are／am＋主語？ または
How＋形／副＋do／does＋主語＋一般動詞？

❸ 次のものを覚えておきましょう。
1　How many... ?
「いくつですか？」「何人ですか？」（数を尋ねる）
2　How much... ?
「どのくらいの量ですか？」「いくらですか？」（量や金額を尋ねる）
3　How far... ?
「どのくらい遠いですか？」（距離を尋ねる）
4　How long... ?
「どのくらい長いですか？」（時間や物の長さを尋ねる）

▶ あなたのお兄さん（弟）は身長はどれくらいですか？
　　—— 約180cmです。

▶ ここから駅までどのくらいの距離ですか？
　　—— 3マイルです。

▶ ケイコは何匹の猫を飼っていますか？
　　—— 10匹です。

▶ このシャツはいくらですか？
　　—— 20ドルです。

---

here「ここ（に）」　mile「マイル（長さの単位）」　cat「猫」　shirt「シャツ」　dollar「ドル」

第3節　疑問詞の疑問文

テーマ 16　疑問詞の疑問文❾ —— Which

基本文 16

Which do you like, apples or oranges?
—— I like oranges.

リンゴとオレンジ、どちらが好きですか？
—— オレンジが好きです。

例文 16-1

Which is your watch?
—— This one.

This one.のoneはwatchの代わりをする代名詞。

例文 16-2

Which bus goes to the station?
—— That one (does).

That one.のoneはbusの、doesはgoes to the stationの代わり。Which busがセットで主語になっている。

例文 16-3

Which team do you like, the Giants or the Tigers?
—— I like the Giants.

Which teamがセットになっている

例文 16-4

Which do you want, tea or coffee?
—— Tea, please.

---

apple「リンゴ」　orange「オレンジ」　watch「(腕)時計」　team「チーム」

ポイントをおさえよう!!

❶ whichは「どちら」という意味の疑問詞です。
❷ 「どちらが…ですか?」という疑問文は
　　Which+is / are / am / 一般動詞…?　となります。
　　この場合、Whichが主語になっています。
❸ それ以外の場合、whichの後には以下のように、ふつうの疑問文の形が続きます。
　　Which+is / are / am+主語…?
　　Which+do / does+主語+一般動詞…?
❹ whichはwhatと同様に(▶27ページ参照)、Which sport…?「どちらのスポーツ…?」、Which subject…?「どちらの教科…?」のように、名詞とセットで使うこともできます。
❺ whichの疑問文の最後に、〈..., A or B ?〉をつけると、AとBの2つの中から選ばせる疑問文(=選択疑問文)になります。

▶ どちらがあなたの時計ですか?
　　—— こちらです。

▶ どちらのバスが駅まで行きますか?
　　—— あちらのバスです。

▶ ジャイアンツとタイガース、どちらのチームが好きですか?
　　—— ジャイアンツが好きです。

▶ 紅茶とコーヒー、どちらがほしいですか?
　　—— 紅茶をお願いします。

---

want「ほしい」

第4節　命令文

テーマ 17 命令文の基本

基本文 17

Stand up.

立ちなさい（起立！）。

例文 17-1

Use your dictionary.

例文 17-2

Go back to your seat, Miki.

例文 17-3

Open your textbook to page twenty.

> 授業中などによく使う言い方。

例文 17-4

Everyone, be quiet.

> be動詞の原形はbe。

---

stand up「立ち上がる、起立する」　go back to~「~に戻る」　seat「席」　open「開く」

ポイントをおさえよう!!

❶ 「…しなさい」という命令文は、主語を置かず、動詞の原形から文を始めます。「動詞の原形」とは、3単現の -s などがつかない、動詞のもともとの形のことです。

❷ be動詞(is / are / am)の原形はbeです。だから、be動詞の命令文は Be... .という形になります。

　例　Be careful.　気をつけなさい。
　　　×Is careful. / Are careful. / Am careful.

❸ 命令文の前後に、相手の名前などをつけて、「呼びかけ」を表すことがあります。

　例　Sit down, Mao. / Mao, sit down.　真央、座りなさい。

▶ 自分の辞書を使いなさい。

▶ ミキ、自分の席に戻りなさい。

▶ 教科書20ページを開きなさい。

▶ みなさん、静かにしなさい。

---

page「ページ」　**everyone**「みんな、全員」　**quiet**「静かな、黙って」

第4節 命令文

18 否定の命令文／ていねいな命令文

基本文 18

Don't open the windows.

窓を開けてはいけません。

例文 18-1 **Don't look at the blackboard.**

例文 18-2 **Don't be noisy, Takuya.**

> Takuya, don't be noisy. としてもよい。

例文 18-3 **Please raise your hand.**

> Raise your hand, please. としてもよい。

例文 18-4 **Please don't answer the phone.**

> Don't answer the phone, please. としてもよい。

---

window「窓」 look at~「～を見る」 blackboard「黒板」 noisy「うるさい、さわがしい」

ポイントをおさえよう!!

1. 「…してはいけません」という否定の命令文(禁止)は、主語を置かず、Don't＋動詞の原形から文を始めます。「動詞の原形」とは、3単現の -s などがつかない、動詞のもともとの形のことです。
2. 「…してください」というていねいな命令文は、Please＋動詞の原形から文を始めます。または、文の終わりに、..., please.とつけてもよいです。
   例　Please make a group of four.
   　　4人のグループを作ってください。
   　= Make a group of four, please.
3. ていねいに禁止をする命令文「…しないでください」は、Please don't＋動詞の原形から文を始めます。または、文の終わりに、Don't..., please.とつけてもよいです。

▶ 黒板を見てはいけません。

▶ タクヤ、うるさくしてはいけません。

▶ 手を上げてください。

▶ 電話には出ないでください。

raise「上げる」　**hand**「手」　**answer**「(電話に)出る、答える」　**phone**「電話」

第4節　命令文

テーマ 19 勧誘の命令文

基本文 19

Let's go to Disneyland.
ディズニーランドへ行きましょう。

例文 19-1
Let's play soccer.

例文 19-2
Let's go to the movies after school.
── Yes, let's.

例文 19-3
Let's eat out this evening.
── No, let's not.

例文 19-4
Let's go camping in the mountains.
── Sounds good.

会話では、That sounds good.のThatが省略されることがある。

movie「映画」　eat out「外食する」　evening「夕方」　go camping「キャンプに行く」

ポイントをおさえよう!!

❶ 「(いっしょに)…しましょう」という、人を誘う文(命令文の一種と考える)は、主語を置かず、Let's＋動詞の原形から文を始めます。「動詞の原形」とは、3単現の -s などがつかない、動詞のもともとの形のことです。

❷ Let's...で誘われた場合の答え方は、Yes, let's.(「はい、そうしましょう」)/ No, let's not.(「いや、やめておきましょう」)が基本です。That's a good idea.(「いい考えですね」)や、That sounds good (to me).(「それはよさそうですね」)などの答え方もあります。もっと簡単に、OK. や All right. で答えることもできます。

▶ サッカーをしましょう。

▶ 放課後は映画を見に行こう。
── そうしよう。

▶ 今日の夕方は外食しよう。
── いや、やめておこう。

▶ 山へキャンプに行こう。
── いいね。

---

mountain「山」　**sound**「〜に聞こえる」　**good**「よい」

第5節 助動詞

テーマ20 助動詞can❶ ― 肯定文

基本文 20
I can speak Chinese.
私は中国語を話すことができます。

例文 20-1
She can cook well.

> 3単現の-sはつけない。

例文 20-2
He can speak Japanese a little.

> 3単現の-sはつけない。

例文 20-3
Monkeys can climb trees.

例文 20-4
My parents can drive a car.

Chinese「中国語」　cook「料理する」　Japanese「日本語」　a little「少し」

ポイントをおさえよう!!

1. can(「～できる」) / must(「～しなければならない」) / may(「～してよい」)などを「助動詞」といいます。ここでは、まずcanの使い方を練習します。その他の助動詞については、86～93ページで学びます。
2. 助動詞の後には動詞の原形が続きます。「動詞の原形」とは、3単現の-sなどがつかない、動詞の基本形のことです。
3. 助動詞canは「～できる」という、"能力"を表す助動詞です。
   ★「～してよい」という"許可"の意味や、「～する場合がある」という"可能性"の意味もあります。
4. 助動詞や、その後に続く動詞には、3単現の-sをつけません。
   例　He can speak French.　彼はフランス語を話せる。
   ×He cans speak French.
   ×He can speaks French.

▶ 彼女は上手に料理をすることができます。

▶ 彼は少し日本語を話すことができます。

▶ 猿は木に登ることができます。

▶ 私の両親は車を運転することができます。

monkey「猿」　climb「登る」　tree「木」　drive「運転する」

テーマ 21 助動詞can❷ — 否定文

第5節　助動詞

基本文 21

I can't play the violin.

私はバイオリンを弾くことができません。

例文 21-1

He can't use computers.

> 3単現の -s はつけない。

例文 21-2

She cannot run fast.

> 3単現の -s はつけない。

例文 21-3

You can't buy a concert ticket here.

例文 21-4

We cannot get to the station in an hour.

---

run「走る」　**fast**「速く」　**buy**「買う」　**concert**「コンサート」　**ticket**「チケット、切符」

第1章 中 1 編 53

ポイントをおさえよう!!

① 助動詞の文を否定文にする場合、助動詞のすぐ後にnotをつけます。

② can「〜できる」の否定は、cannotまたは短縮形のcan'tです。これで「〜できない」という意味になります。ふつう、can notとは書きません。
　★can't[cannot]には、「〜してはならない」という"不許可"の意味や、「〜はずがない」という"可能性の否定"の意味もあります。

第5節

▶ 彼はコンピュータを使うことができません。

▶ 彼女は速く走ることができません。

▶ ここでコンサートのチケットは買えません。

▶ 私たちは1時間で駅に着くことはできません。

here「ここで」　**get to~**「〜に着く、到着する」　**hour**「1時間」

第5節　助動詞

テーマ 22 助動詞can❸ ― 疑問文

基本文 22

Can you speak Spanish?
—— Yes, I can.

あなたはスペイン語を話せますか？
—— はい、話せます。

例文 22-1

Can she carry this heavy bag?
—— No, she cannot.

> cannotの代わりにcan'tでも可。

例文 22-2

Can you help me with my homework?
—— All right.

> この文のCan you...?はお願いの表現。

例文 22-3

How can we get to the island?
—— By airplane.

> howは「方法」を尋ねる疑問詞。byは交通手段を表す。

例文 22-4

Where can I get a ticket for the concert?
—— At a convenience store.

Spanish「スペイン語」　carry「運ぶ」　heavy「重い」　homework「宿題」
convenience store「コンビニエンスストア」

第1章 中 1 編

ポイントをおさえよう!!

1. 助動詞の文を疑問文にする場合、助動詞を文頭に出します。〈助動詞＋主語＋動詞の原形…?〉という語順になります。
2. 「…できますか?」という疑問文は、
   Can＋主語＋動詞の原形...?　となります。答え方は、
   Yes, 主語 can.「はい、できます」
   No, 主語 can't[cannot].「いいえ、できません」
   となります。
3. Can you...? は「…できますか?」のほかに、「…してくれませんか?」というお願いの表現としても使われます。
4. 疑問詞の疑問文と組み合わせる場合は、
   疑問詞＋can＋主語＋動詞の原形...?
   となります。この場合、Yes / Noでは答えられません。

▶ 彼女はこの重いバッグを運べますか?
　── いいえ、運べません。

▶ 私の宿題を手伝ってくれませんか?
　── いいですよ。

▶ 私たちはどうやってその島に行くことができますか?
　── 飛行機で行けます。

▶ どこでコンサートのチケットを手に入れられますか?
　── コンビニエンスストアです。

---

all right「大丈夫だ、よろしい」　**island**「島」　**airplane**「飛行機」　**get**「手に入れる」

第5節

第6節　現在進行形

テーマ 23　現在進行形❶ ── 肯定文/否定文

基本文 23

She is washing the dishes.

彼女はお皿を洗っています。

例文 23-1

The two boys are running in the park.

> runに-ingをつけるときは -nを重ねる。

例文 23-2

She is writing a letter to her friend now.

> writeに-ingをつけるときは -e をとる。

例文 23-3

I'm not doing my homework.

> I'mはI amの短縮形。

例文 23-4

The students aren't cleaning their classroom.

> aren'tはare notの短縮形。

---

wash「洗う」　**dish**「皿」　**park**「公園」　**write**「書く」　**letter**「手紙」　**friend**「友達」

第1章 中 1 編 57

ポイントをおさえよう!!

❶ 「(今)～しています」という意味を表すとき、
主語＋is / are / am＋～ing...
という形にします。これを「現在進行形」といいます。
★be動詞の使い分けは、15ページを参照。
★否定文はbe動詞の後にnotをつけます(▶17ページ参照)。

❷ 「～ing」の部分は、一般動詞に-ingをつけた形です。-ing のつけ方は以下のとおりです。

1 -eで終わる動詞 ➡ -eをとって-ingをつける
  例 come ➡ coming / make ➡ making / write ➡ writing
2 〈(強く読む)母音字＋子音字〉で終わる動詞 ➡ 子音字を重ねて-ingをつける
  例 put ➡ putting / cut ➡ cutting / stop ➡ stopping
※〈母音字＋-y〉で終わる動詞 ➡ -sをつける 例 play ➡ plays
3 その他 ➡ -ingをつける
  例 sing ➡ singing / study ➡ studying / go ➡ going

▶ その2人の少年は公園で走っています。

▶ 彼女は今、友達に手紙を書いています。

▶ 私は宿題をしていません。

▶ 生徒たちは教室の掃除をしていません。

---

do「する、おこなう」 clean「掃除する」 classroom「教室」

第6節

第6節　現在進行形

テーマ24 現在進行形❷ ── 疑問文

基本文 24

Is your mother cooking in the kitchen?
── Yes, she is.

あなたのお母さんはキッチンで料理をしていますか？
── はい、しています。

例文 24-1

Are you writing the report?
── No, I'm not.

> am notには短縮形はない。
> ×amn'tなどとしないように。

例文 24-2

Are his sons skating on the lake?
── Yes, they are.

例文 24-3

What is he looking for?
── He's looking for his dog.

> whatの後は疑問文の語順。

例文 24-4

Who is singing a song in the next room?
── My brother is.

> 疑問詞whoが主語になっている。

---

report「レポート」　**son**「息子」　**skate**「スケートをする」　**lake**「湖」

ポイントをおさえよう!!

❶ 「(今)〜していますか?」という疑問文は、
Is / Are / Am +主語+ 〜ing...?
という形にします。
答え方は、
Yes, 主語+ am / are / is.「はい、そうです」
No, 主語+ am not / are not [aren't] / is not [isn't].
「いいえ、ちがいます」
となります。

❷ 疑問詞の疑問文と組み合わせる場合は、
疑問詞+ is / are / am +主語+ 〜ing...? となります。
この場合、Yes / No では答えられません。
★疑問詞が主語になり、「誰が…?」「何が…?」という意味になる場合は、
疑問詞+ is / are / am + 〜ing...? です。

▶ あなたはレポートを書いていますか?
　　── いいえ、書いていません。

▶ 彼の息子たちは湖でスケートをしていますか?
　　── はい、しています。

▶ 彼は何を探しているのですか?
　　── 彼の犬を探しています。

▶ 隣の部屋で歌を歌っているのは誰ですか?
　　── 私の兄(弟)です。

---

look for 〜「〜を探す」　**dog**「犬」　**sing**「歌う」　**song**「歌」　**next**「隣の」

第7節　過去形①

テーマ 25 be動詞の過去形❶ ― 肯定文

基本文 25

I was a nurse.

私は看護師でした。

例文 25-1

My father was very busy yesterday.

> my fatherは「3人称単数」なのでwas。

例文 25-2

He was a good baseball player ten years ago.

> Heは「3人称単数」なのでwas。

例文 25-3

My parents were in Okinawa last week.

> My parentsは「3人称複数」なのでwere。

例文 25-4

It was rainy the day before yesterday.

> it（天候などを表す。「それ」という意味ではない）は「3人称単数」なのでwas。

nurse［看護師］　busy［忙しい］　yesterday［昨日］　baseball［野球］　player［選手］

第1章 中 1 編 61

ポイントをおさえよう!!

1. これまで勉強してきた英文は、基本的に"現在"の内容を表す文でした(現在形、現在進行形)。これに対して、「主語は…でした」「主語は…しました」と"過去"の内容を表す文(過去形)について、この節では学びます。

2. be動詞を使う文の過去形は、
   主語＋was／were＋…． となります。
   「主語は…でした」「主語は…にいました」などの意味を表します。

3. be動詞の過去形の使い分けは、下の表のようになります。

	単 数	複 数
1人称	was	were
2人称	were	were
3人称	was	were

「1人称」「2人称」「3人称」については、13ページを参照してください。

▶ 私の父は昨日、とても忙しかったです。

▶ 彼は10年前、いい野球選手でした。

▶ 私の両親は先週沖縄にいました。

▶ 一昨日は雨でした。

---

parent[親]　the day before yesterday[一昨日]

第7節

第7節　過去形①

26 be動詞の過去形❷ ── 否定文

基本文 26

My father wasn't angry then.
[was not]

私の父はその時、怒っていませんでした。

例文 26-1
My son wasn't in his room.

例文 26-2
It wasn't hot in Tokyo last night.

例文 26-3
My parents weren't in Kyoto last Monday.

例文 26-4
He wasn't late for school yesterday morning.

angry「怒って」　last night「昨夜」　last「この前の」　son「息子」

ポイントをおさえよう!!

❶ be動詞を使う文の過去形の否定文は、
主語＋was／were＋not…. となります。
「主語は…ではありませんでした」「主語は…にいませんでした」などの意味を表します。
★was notはwasn't、were notはweren'tという短縮形も可。

❷ 過去形のbe動詞の使い分けを復習しましょう。

肯定形

	単　数	複　数
1人称	was	were
2人称	were	were
3人称	was	were

否定形

	単　数	複　数
1人称	was not [wasn't]	were not [weren't]
2人称	were not [weren't]	were not [weren't]
3人称	was not [wasn't]	were not [weren't]

▶ 私の息子は部屋にいませんでした。

▶ 昨夜、東京は暑くありませんでした。

▶ 私の両親は先週の月曜日、京都にいませんでした。

▶ 彼は昨日の朝、学校に遅刻しませんでした。

be late for～「～に遅れる、遅刻する」　morning「朝」

第7節 過去形①

テーマ 27 be動詞の過去形❸ ── 疑問文

基本文 27

Were you sleepy in class?
—— Yes, I was.

あなたは授業中眠かったですか？
—— はい、眠かったです。

例文 27-1

Was your brother sick in bed yesterday?
—— Yes, he was.

例文 27-2

Were they good friends?
—— No, they weren't.

例文 27-3

Where were those students an hour ago?
—— They were in the library.

> they wereを省略し、In the library. と答えてもよい。

例文 27-4

Why was Ms. Suzuki angry?
—— Because I was late for the class.

> Why...?に対してはBecause...で答える(▶36、37ページ参照)。

sleepy「眠い」 **in class**「授業中に」

ポイントをおさえよう!!

❶ be動詞を使う文の過去形の疑問文は、
   Was / Were ＋ 主語 …？　となります。
   「主語は…でしたか？」「主語は…にいましたか？」などの意味を表します。

❷ 答え方は、以下のようになります。
   Yes, 主語＋was / were.「はい、そうでした」
   No, 主語＋was not [wasn't] / were not [weren't].
   　　　　　　　　　　　　「いいえ、そうではありませんでした」

❸ 疑問詞の疑問文と組み合わせる場合は、
   疑問詞＋was / were ＋ 主語 …？　となります。
   この場合、Yes / No では答えられません。

▶ あなたのお兄さん（弟）は昨日病気で寝ていましたか？
　　—— はい、そうでした。

▶ 彼らは仲のよい友達でしたか？
　　—— いいえ、そうではありませんでした。

▶ あの学生たちは1時間前にどこにいましたか？
　　—— 彼らは図書館にいました。

▶ なぜ鈴木先生は怒っていたのですか？
　　—— 私が授業に遅刻したからです。

---

sick in bed「病気で寝ている」　**ago**「～前に」　**library**「図書館」　**class**「授業」

第8節　過去形②

テーマ28　一般動詞の過去形❶ — 肯定文

基本文 28

She played the piano yesterday.

彼女は昨日ピアノを弾きました。

例文 28-1

She cooked dinner for her husband.

> cookは規則動詞。-edをつけて過去形を作る。

例文 28-2

I studied very hard for the exam.

> studyは規則動詞。yをiに変えて-edをつける。×studyed

例文 28-3

My father drank coffee this morning.

> drinkは不規則動詞。過去形はdrank。

例文 28-4

He sang a song in English very well.

> singは不規則動詞。過去形はsang。

---

dinner［夕食］　husband［夫］　exam［試験］　drink［飲む］

ポイントをおさえよう!!

❶ 一般動詞を使う文の過去形は、
主語＋一般動詞の過去形＋... . となります。
「主語は…しました」などの意味を表します。

❷ 一般動詞の過去形は、「規則動詞」と「不規則動詞」で異なります。「規則動詞」は、動詞の後に -ed をつけます。詳しく整理すると、以下のようになります。
  1　-eで終わる動詞 ➡ -d をつける　例　like ➡ liked / use ➡ used
  2　〈(強く読む)母音字＋子音字〉で終わる動詞 ➡ 子音字を重ねて-edをつける
    例　stop ➡ stopped　cf. visit ➡ visited（2つめの i は弱い）
  3　〈子音字＋-y〉で終わる動詞 ➡ yをiに変えて-edをつける
    例　study ➡ studied
  4　その他 ➡ -edをつける　例　play ➡ played / help ➡ helped

❸ eatの過去形はeatedではなくateとなります。このように、上のルールによらない過去形を持つ動詞を「不規則動詞」といいます。「不規則動詞」については、220、221ページを参照してください。

▶ 彼女は夫のために夕食を作りました。

▶ 私は試験のために、とても一生懸命に勉強しました。

▶ 私の父は今朝、コーヒーを飲みました。

▶ 彼は英語の歌をとても上手に歌いました。

テーマ 29 一般動詞の過去形❷ ── 否定文

第8節　過去形②

基本文 29

I didn't like Chinese food.

私は中華料理が好きではありませんでした。

例文 29-1　He didn't have a car two years ago.

例文 29-2　We didn't swim in the sea last summer.

例文 29-3　She didn't eat breakfast this morning.

例文 29-4　I didn't do my homework yesterday.

> I didn't my homework yesterday.(×)としないように。

Chinese「中国の」　food「食べ物」　ago「〜前に」　sea「海」　summer「夏」

ポイントをおさえよう!!

❶ 一般動詞の過去形の否定文は、
主語＋did not [didn't]＋一般動詞の原形…. となります。
「**主語**は…しませんでした」などの意味を表します。
- ★現在形の場合は、主語によってdon'tとdoesn'tを使い分けましたが、過去形の場合は主語による使い分けはありません。
- ★否定文の作り方は、「規則動詞」「不規則動詞」による違いはありません。

❷ do(「する」)の過去形はdidです(不規則動詞)。否定文を作るdid notのdidと混同しないようにしましょう。
  例　(肯定文)He did his work.　彼は仕事をやりました。
  ➡(否定文)He did not do his work.　彼は仕事をやりませんでした。
  　　　　　　[didn't]
  ×He did not his work.
  　　　[didn't]

▶ 彼は2年前、車を持っていませんでした。

▶ 私たちは昨年の夏、海水浴をしませんでした。

▶ 彼女は今朝、朝食を食べませんでした。

▶ 私は昨日、宿題をしませんでした。

---

breakfast「朝食」　**morning**「朝」

第8節　過去形②

テーマ30　一般動詞の過去形❸ ── 疑問文

基本文 30

Did you enjoy your trip to Sapporo?
── Yes, I did.

あなたは札幌への旅行を楽しみましたか？
── はい、楽しみました。

例文 30-1
Did she meet her boyfriend at the station?
── No, she didn't.

例文 30-2
Did your family eat out yesterday evening?
── No, we didn't.

例文 30-3
What time did you finish your work?
── At eleven.

例文 30-4
What did you do last Friday?
── I went to the museum with my friends.

---

enjoy「楽しむ」　trip「旅、旅行」　meet「会う」　boyfriend「ボーイフレンド」

ポイントをおさえよう!!

❶ 一般動詞の過去形の疑問文は、
  Did＋主語＋一般動詞の原形…？ となります。
  「主語は…しましたか？」などの意味を表します。

❷ 答え方は、以下のようになります。
  Yes, 主語＋did.「はい、しました」
  No, 主語＋did not [didn't].「いいえ、しませんでした」

❸ 疑問詞の疑問文と組み合わせる場合は、
  疑問詞＋did＋主語＋一般動詞の原形…？ となります。
  この場合、Yes / No では答えられません。

▶ 彼女はボーイフレンドと駅で会いましたか？
　── いいえ、会いませんでした。

▶ あなたの家族は昨日の夕方、外食をしましたか？
　── いいえ、しませんでした。

▶ 何時に仕事を終えましたか？
　── 11時です。

▶ 先週の金曜日は何をしましたか？
　── 友達といっしょに博物館に行きました。

---

family「家族」　**finish**「終える」　**work**「仕事」　**Friday**「金曜日」　**museum**「博物館」

進行形にしてはいけない動詞とは？

「(今)～しています」という意味を表すとき、現在進行形を用います（▶57ページ参照）。この現在進行形では"動作動詞"（動作を表す動詞）が使われ、"状態動詞"（状態を表す動詞）は原則として使えません。(第2章の「過去進行形」にも同じことが当てはまります)。

○ He is walking in the park.
彼は公園で歩いている。
　➡walkが「動作動詞」だから、現在進行形OK

× He is loving his wife.
彼は妻を愛している。
　➡loveが「状態動詞」だから、現在進行形不可。
　He loves his wife.とすれば○。

では、「動作動詞」と「状態動詞」は、どのように区別すればよいのでしょうか？

「そんなの簡単だよ、体が動けば"動作"でしょ！」

と思うかもしれませんね。
しかし、そんなに簡単ではないのです！

確かに、walk「歩く」、run「走る」、work「働く」など、体が動くことを表す動詞は、「動作動詞」といって間違いないでしょう。
しかし、wait「待つ」はどうでしょう？　これは、一般に「動作動詞」とされています。
でも、「待つ」という体の動きはないですよね？

そこで、見分け方を伝授しましょう!!

動作/状態動詞の見分け方

➡ **自分の意思で、一時的にできるのが動作**
　　　　　　　　　　　できないのが状態

このように考えてみてください。

たとえば、「10分だけ歩く」「10分だけ走る」というのは、自分の意思でできますね。だから、walkやrunは動作動詞（＝進行形にできる動詞）なのです。

これに対し、「10分だけ知っている」「10分だけ好きだ」って、どう考えてもおかしいですよね。だから、knowやlikeは状態動詞（＝進行形にできない動詞）なのです。

先ほどのwaitはどうでしょう？
「10分だけ待つ」というのは、おかしくないですよね。
だから、waitも状態動詞ではなく、動作動詞なのです。

テーマ 31 過去進行形 ❶ ― 肯定文/否定文

第1節　過去進行形

基本文 31

He was talking on the cellphone then.

その時、彼は携帯電話で話していました。

例文 31-1　Mr. and Mrs. Nakamura were having dinner at the restaurant.

例文 31-2　Takashi was not listening to the radio in his car.

例文 31-3　My teammates were running in the schoolyard.

例文 31-4　I wasn't studying math at six in the evening.

---

talk「話す」　then「その時」　have「食べる」　restaurant「レストラン」
schoolyard「校庭」

ポイントをおさえよう!!

1. 「～していました」という意味を表すとき、
   主語＋was/were＋～ing... 　という形にします。
   これを「過去進行形」といいます。

2. be動詞の過去形wasとwereの使い分けは、下の表のようになります。

	単　　数	複　　数
1人称	was	were
2人称	were	were
3人称	was	were

   「1人称」「2人称」「3人称」については13ページ参照。

3. 過去進行形の否定文は、
   主語＋was/were＋not＋～ing... 　となります。
   「主語は～していませんでした」の意味を表します。
   ★was notはwasn't、were notはweren'tという短縮形も可。

4. 「～ing」の部分は、一般動詞に -ing をつけた形です。-ing のつけ方は57ページを参照してください。

▶ 中村さんご夫妻はレストランで夕食を食べていました。

▶ タカシは車の中でラジオを聞いていませんでした。

▶ 私のチームメイトたちは校庭で走っていました。

▶ 私は夕方6時に数学の勉強をしていませんでした。

---

listen to～「～を聞く」　**radio**「ラジオ」　**teammate**「チームメイト」

テーマ32 過去進行形❷ ── 疑問文

第1節　過去進行形

基本文 32

Were you waiting for your girlfriend?
── Yes, I was.

あなたはガールフレンドを待っていたのですか？
── はい、そうです。

例文 32-1
Was it snowing at six in the morning?
── No, it wasn't.

例文 32-2
Were his daughters playing in the park?
── Yes, they were.

例文 32-3
What were you doing an hour ago?
── I was listening to music in my room.

例文 32-4
Who was walking with you then?
── My father was.

> 疑問詞whoが主語になっているので、その後はwas ～ingが続く。

---

wait for～「～を待つ」　**girlfriend**「ガールフレンド」　**snow**「雪が降る」

ポイントをおさえよう!!

❶ 「〜していましたか？」という過去進行形の疑問文は、
Was / Were ＋ 主語 ＋ 〜ing...?　という形にします。
答え方は、
Yes, 主語＋was / were.「はい、していました」
No, 主語＋was not [wasn't] / were not [weren't].
　　　　　　　　　　　　「いいえ、していませんでした」
となります。

❷ 疑問詞の疑問文と組み合わせる場合は、例文32-3のように
疑問詞＋was / were＋主語＋〜ing...?
となります。この場合、Yes / Noでは答えられません。
★疑問詞が主語になり、「誰が…？」「何が…？」という意味になる場合は、例文32-4のように
疑問詞＋was / were＋〜ing...?　です。

▶ 朝6時に雪が降っていましたか？
　── いいえ、降っていませんでした。

▶ 彼の娘たちは公園で遊んでいましたか？
　── はい、遊んでいました。

▶ 1時間前、あなたは何をしていましたか？
　── 部屋で音楽を聴いていました。

▶ その時、誰があなたといっしょに歩いていましたか？
　── 父です。

---

daughter「娘」　**play**「遊ぶ」

第2節　未来形

テーマ 33 未来形❶ ── 肯定文/否定文

基本文 33

It will rain tomorrow.
≒ It is going to rain tomorrow.

明日は雨が降るでしょう。

例文 33-1　I will go shopping this afternoon.

> willはその場で決めた意志・予定を表す。

例文 33-2　She is going to climb Mt. Fuji next month.

> be going toはもともと決めていた意志・予定を表す。

例文 33-3　He won't go swimming in the sea during the summer vacation.

> won'tはwill notの短縮形。

例文 33-4　They aren't going to have a party tonight.

---

rain「雨が降る」　tomorrow「明日」　go shopping「買い物に行く」　afternoon「午後」
during「〜の間に」　summer vacation「夏休み」　party「パーティー」　tonight「今夜」

ポイントをおさえよう!!

❶ 「～するでしょう」「～するつもりです」「～する予定です」といった "未来"の内容を表すとき、
　1　**主語＋will＋動詞の原形… .**
　2　**主語＋be動詞＋going to＋動詞の原形… .**
という形にします。これを「未来形」といいます。
★2の場合、主語に応じてbe動詞を使い分けます(▶13ページ参照)。
★willと*be* going toは微妙な意味の違いがあります(▶78ページ参照)。

❷ 未来形の否定文は、
　1　**主語＋will not＋動詞の原形… .**
　2　**主語＋be動詞＋not going to＋動詞の原形… .**
という形にします。
★will notの短縮形はwon'tです。
★2の場合、isn'tやaren'tという短縮形も使えます。am notには短縮形がありませんが、I am not を I'm notとするのはOKです。また、He is notをHe's notとすることもできます。

▶ 私は今日の午後、買い物に行きます。

▶ 彼女は来月、富士山に登る予定です。

▶ 彼は夏休み中、海水浴に行かないでしょう。

▶ 彼らは今晩、パーティーをする予定ではありません。

---

climb「登る」　**next month**「来月」　**go swimming**「泳ぎに行く」　**sea**「海」

第2節　未来形

テーマ 34 未来形❷ —— 疑問文

基本文 34

Will it be fine tomorrow?
—— Yes, it will.

明日は晴れそうですか？
　—— はい、晴れるでしょう。

例文 34-1
Will the concert begin at five?
　—— No, it won't.

例文 34-2
Are you going to be fifteen next month?
　—— Yes, I am.

例文 34-3
What will you do this afternoon?
　—— I'll wash my car.

例文 34-4
Who is going to play the guitar at the school festival? —— Kazuya is.

---

fine「晴れて」　begin「始まる」　school festival「学園祭」

ポイントをおさえよう!!

❶ 未来形の疑問文は、
　1　Will＋主語＋動詞の原形...？
　2　Be動詞＋主語＋going to＋原形...？
という形にします。1に対する答え方は、
Yes, 主語＋will. / No, 主語＋will not [won't].
2に対する答え方は、
Yes, 主語＋be動詞. / No, 主語＋be動詞＋not. となります。

❷ 疑問詞の疑問文と組み合わせる場合は、
疑問詞＋will＋主語＋動詞の原形...？
疑問詞＋be動詞＋主語＋going to＋動詞の原形...？ となります。この場合、Yes／Noでは答えられません。
★例文34-4のように、疑問詞が主語になり、「誰が…？」「何が…？」という意味になる場合は、以下のようにします。
疑問詞＋will＋動詞の原形...？
疑問詞＋be動詞＋going to＋動詞の原形...？

▶ コンサートは5時に始まりますか？
　── いいえ、始まりません。

▶ あなたは来月15歳になるのですか？
　── はい、そうです。

▶ 今日の午後、あなたは何をするつもりですか？
　── 洗車をします。

▶ 学園祭で誰がギターを弾くのですか？
　── カズヤです。

第3節　There is [are] ～

テーマ 35 There is [are] ～ ❶ ― 肯定文／否定文

基本文 35

There is a tall tree in the garden.

庭には高い木が1本あります。

例文 35-1

There are many students in the school gym.

例文 35-2

There wasn't any water in the pond yesterday.
=There was no water in the pond yesterday.

> not...any「まったくない」(=no)は「数」にも「量」にも使える。

例文 35-3

There will be some soccer stadiums in this city next year.

例文 35-4

There were few traffic lights on this road ten years ago.

> fewは「(数が)ほとんどない」、a fewは「(数が)少しはある」。同様に、littleは「(量が)ほとんどない」、a littleは「(量が)少しはある」。"aがないと否定的、aがあると肯定的"と覚えよう。

garden[庭]　**gym**[体育館]

ポイントをおさえよう!!

❶ 「〜がある」「〜がいる」といった"存在"を表すとき、
There＋is [are] ＋主語... . という形にします。
Thereは主語ではなく、is[are]の後ろにある名詞が主語ですから、その主語の単数/複数により、be動詞を使い分けます。「...」の部分には、ふつう、場所を表す語句が来ます。
  ★is[are]をwas[were]に変えれば過去、will beに変えれば未来の"存在"を表せます。否定文の作り方も今までと同じです。

❷ There is[are]に続く主語として、以下のものは不可です。
  1　heなどの代名詞　　2　my bookのように所有格がついた名詞
  3　theがついた名詞
  4　this / that / these / thoseや、これらがついた名詞
  このような主語の場合は、
  主語＋is [are]＋... . の形にします。
  ×　There is my book on the desk.
  ○　My book is on the desk.　私の本は机の上にあります。

▶ 学校の体育館にはたくさんの生徒がいます。

▶ 昨日、池にはまったく水がありませんでした。

▶ 来年、この市にはいくつかのサッカー場ができているでしょう。

▶ 10年前、この道路にはほとんど信号機がありませんでした。

---

water「水」　**pond**「池」　**stadium**「スタジアム、球場」　**city**「市、都市」
next year「来年」　**traffic light**「信号(機)」　**road**「道路」

第3節 There is [are] 〜

テーマ 36 There is [are]〜❷ ― 疑問文

基本文 36

Is there a bookstore around here?
　―― Yes, there is.

このあたりに本屋はありますか？
　―― はい、あります。

例文 36-1
Were there a lot of people in the park?
　―― No, there weren't.

> a lot ofはmany / muchの代わり、つまり、「数」にも「量」にも使える。

例文 36-2
How many days are there in a week?
　―― There are seven (days).

例文 36-3
How much money is there in the safe?
　―― There is little (money).

> money「お金」は数えられない名詞なのでmanyではなくmuchを使う。

例文 36-4
How many taxis were there in the parking lot last night?
　―― There were twenty (cars).

---

bookstore「本屋、書店」　**around**「〜の回りに」　**here**「ここ」　**a lot of〜**「多くの〜」
little「(量が)少ない、ほとんどない」　**taxi**「タクシー」　**parking lot**「駐車場」

ポイントをおさえよう!!

❶ 「〜はありますか」「〜はいますか」という、"存在"を表す文の疑問文は、
Is [Are] + there + 主語...?　という形にします。
答え方は、Yes, there is [are]. / No, there isn't [aren't]. です。
★過去形の場合は
　Was [Were] + there + 主語...?　となります。
★未来形の場合は
　Will + there + be + 主語...?　となります。

❷ 疑問詞の疑問文と組み合わせる場合は、
疑問詞 + is [are] there + 主語...?
疑問詞 + was [were] there + 主語...?
疑問詞 + will there be + 主語...?　となります。
この場合、Yes / Noでは答えられません。
★とくによく用いられるのが、「数」や「量」を尋ねる疑問文です。この場合、How many〜? やHow much〜?(「〜の部分は名詞」)で文が始まります。

▶ 公園には多くの人々がいましたか？
　── いいえ、いませんでした。

▶ 1週間は何日ありますか？
　── 7日間です。

▶ 金庫の中にはどれぐらいのお金がありますか？
　── ほとんどありません。

▶ 昨夜、駐車場には何台のタクシーが止まっていましたか？
　── 20台でした。

---

people「人々」　**day**「日」　**week**「週」　**money**「お金」　**safe**「金庫」
last night「昨夜」

第4節 助動詞

テーマ 37 助動詞 must

基本文 37

I must do my homework.
= I have to do my homework.

私は宿題をしなければなりません。

例文 37-1

Must I take off my hat here?
—— No, you don't have to.

例文 37-2

You mustn't use your cellphone in the classroom.

> must not[mustn't]は"禁止"を表す。

例文 37-3

I had to wait for him in front of the building.

例文 37-4

That tall man must be a volleyball player.

---

take off~「~を脱ぐ」　**in front of~**「~の前で」　**building**「建物」

ポイントをおさえよう!!

❶ 助動詞mustは、1義務「〜しなければならない」や2推量「〜にちがいない」の意味を持ちます。1の意味では、have[has] to と書き換えることができます。
　★mustには過去形がないので、「〜しなければならなかった」の意味を表すには、have[has] toの過去形のhad toを使います。

❷ mustの否定形must not[mustn't]は禁止「〜してはいけない」の意味です。
　★1義務「〜しなければならない」の反対は、don't[doesn't] have to「〜する必要はない」です。
　★2推量「〜にちがいない」(100%)の反対は、cannot[can't]「〜のはずがない」(0%)です。

❸ mustの疑問文は、**Must＋主語＋動詞の原形...？**「主語は〜しなければなりませんか？」(＝Do[Does]＋主語＋have to＋動詞の原形...？)です。答え方は、**Yes, 主語＋must. / No, 主語＋don't have to.** です。

▶ 私はここで帽子を脱がなければなりませんか？
　—— いいえ、その必要はありません。

▶ あなたは教室の中で携帯電話を使ってはいけません。

▶ 私は建物の前で彼を待たなければなりませんでした。

▶ あの背が高い男性はバレーボールの選手に違いない。

---

volleyball「バレーボール」

テーマ38 助動詞may

基本文38

He may come late for the meeting.

彼は会議に遅れてくるかもしれない。

例文 38-1
You may borrow five books from the library.

例文 38-2
May I use this computer?
—— No, you may not.

例文 38-3
May I see your passport?
—— Here you are.

> Here you are./Here it is.は「はい、どうぞ」と相手に何かを差し出すときの会話表現。

例文 38-4
This answer may not be right.

---

late「遅れて」 meeting「会議、会合」 borrow「借りる」 passport「パスポート」

ポイントをおさえよう!!

❶ 助動詞mayは 1 推量「〜かもしれない」、 2 許可「〜してもよい」の意味を持ちます。2の意味では、canを使っても同じ意味になります。

❷ mayの否定形はmay not(mayn'tという短縮形もあるが、ふつう使わない)で、 1 否定の推量「〜しないかもしれない」、 2 不許可「〜してはならない」の意味になります。

▶ あなたは図書館から5冊の本を借りていいです。

▶ このコンピュータを使ってもいいですか？
　── いいえ、いけません。

▶ パスポートを拝見してもよろしいでしょうか？
　── はい、どうぞ。

▶ この解答は正しくないかもしれません。

---

answer「答え、解答」　**right**「正しい」

第4節　助動詞

テーマ 39 助動詞shall

基本文 39

Shall I carry your bag?
　—— Yes, please.

あなたのカバンを運びましょうか？
　—— はい、お願いします。

例文 39-1
Shall I turn on the air conditioner?
　—— No, thank you.

例文 39-2
Shall we have some coffee?
　—— Yes, let's.

例文 39-3
What time shall I pick you up?

例文 39-4
Where shall we go tonight?

---

turn on「スイッチ[電源]を入れる」　**air conditioner**「エアコン」

ポイントをおさえよう!!

❶ 助動詞shallは、未来形のところで学習したwillと同じように使えます。
例　I shall call you later.　後ほどお電話します。
　　(= I will call you later.)
ただし、これは古い表現で、現在ではwillを使うのがふつうです。

❷ shallの重要な表現として、以下の2つをおさえましょう。
1　Shall I ＋動詞の原形...?「～しましょうか？、～してあげましょうか？」
➡ 提案、申し出をする言い方です。
【答え方】Yes, please. はい、お願いします。／
　　　　　No, thank you. いいえ、けっこうです。
2　Shall we＋動詞の原形...?「(いっしょに)～しましょう、～しませんか？」➡ 相手を誘う言い方です。
【答え方】Yes, let's.「はい、そうしましょう」／No, let's not.「いいえ、やめておきましょう」
★これらの表現と疑問詞がいっしょに使われることもあります。
　例　What shall we do? (いっしょに)何をしましょうか？

▶ エアコンを入れましょうか？
　　── いいえ、けっこうです。

▶ コーヒーを飲みませんか？
　　── はい、そうしましょう。

▶ 何時にお迎えに行きましょうか？

▶ 今夜はどこに行きましょうか？

---

pick up「車で迎えに行く」

第4節　助動詞

テーマ 40 助動詞shouldなど

基本文 40

You should study English hard.

あなたは英語を一生懸命に勉強すべきです。

Did you do your homework?

例文 40-1

Should I leave home early?
—— Yes, you should.

例文 40-2

Rina is able to speak three languages.

> is able toをcanに変えても同じ意味。

例文 40-3

Kyosuke was able to solve the difficult problem.

> was able toをcouldに変えると、「その気になれば解けた」の意味。

例文 40-4

Would you help me with my homework?

> ていねいなお願いの表現。

---

leave「出発する」　language「言語」　solve「解決する、解く」　difficult「難しい」

第2章 中 2 編 **93**

ポイントをおさえよう!!

① 助動詞shouldは「〜すべきだ」という意味を表します。否定形の should not[shouldn't]は「〜すべきでない」という意味です。

② 「〜できる」という"能力"を表す助動詞can(▶51ページ参照)は、 is[are / am] able toと書き換えることができます。

③ canの過去形はcouldで「〜できた」の意味です。これは、was[were] able toと少し意味が異なり、couldは「(やろうと思えば)できた」、 was[were] able toは「(実際にやってみて)できた」の意味です。

④ 「〜してくれませんか」というお願いの言い方は、ていねいな順に、 Could you〜? ＞ Would you〜? ＞ Will you〜? ＞ Can you〜? です。

第4節

▶ 私は早く家を出発すべきですか？
　── はい、そうすべきです。

▶ リナは3か国語を話すことができます。

▶ キョウスケはその難しい問題を解くことができました。

▶ 私の宿題を手伝っていただけませんか？

problem「問題」

第5節　接続詞

テーマ 41 接続詞and / or

基本文 41

I like baseball and soccer.

私は野球とサッカーが好きです。

例文 41-1

Miho walks to school and Naomi goes to school by bus.

andが2つの文を結んでいる。

例文 41-2

The little boy is three or four years old.

orがthreeとfourを結んでいる。

例文 41-3

Would you like coffee or tea?
── Coffee, please.

Would you like〜?は「〜はいかがですか？」と勧める表現。

例文 41-4

Study hard, and you will pass the exam.

---

little「小さい、幼い」　pass「合格する」

ポイントをおさえよう!!

❶ 接続詞 andは前後の同じようなものを結び、「AとB」「AそしてB」という意味を表します。andが結ぶものは、単語の場合もあれば文の場合もあります。

❷ andのように、前後の同じようなものを結ぶ接続詞を「等位接続詞」といいます。等位接続詞には、or / but / soなどがあります。orは「AかB」「AまたはB」という意味です。

❸ 命令文の後にandをつけると「そうすれば」、orをつけると「さもないと」の意味になります。

例　Hurry up, and you'll be in time.
　　急ぎなさい、そうすれば間に合いますよ。
　　Hurry up, or you'll be late.
　　急ぎなさい、さもないと遅れますよ。

▶ ミホは徒歩で通学し、ナオミはバスで通学します。

▶ その幼い少年は3歳か4歳です。

▶ コーヒーか紅茶はいかがですか？
　　── コーヒーをお願いします。

▶ 一生懸命に勉強しなさい、そうすれば試験に合格するでしょう。

第5節 接続詞

テーマ 42 接続詞 but / so

基本文 42

He is rich, but he isn't happy.

彼はお金持ちですが、幸せではありません。

例文 42-1
Moe is very cute. But she isn't popular in her class.

> Moe is very cute, but she...として、1つの文で書いてもよい。

例文 42-2
Excuse me, but would you show me the way to the museum?

> この場合のbutはとくに意味はなく、"逆接"ではない。

例文 42-3
It was raining yesterday, so we stayed home.

例文 42-4
Takaaki missed the train. So he was late for the class.

---

rich「金持ちの」 happy「幸せな」 excuse me「すみません」 show「示す、教える」

ポイントをおさえよう!!

1. 接続詞butは「AだがB」「AしかしB」という"逆接"を表します。

2. 接続詞soは「AだからB」「AなのでB」という"因果関係"を表します。

3. but / soともに等位接続詞で、前後の文を結びます。

▶ モエはとてもかわいいです。でもクラスでは人気がありません。

▶ すみませんが、博物館に行く道を教えていただけませんか？

▶ 昨日は雨が降っていたので、私たちは家にいました。

▶ タカアキは電車に乗り遅れました。そのせいで彼は授業に遅刻しました。

---

way「道、道順」 **stay**「(ずっと)いる、とどまる」 **miss**「逃す、乗り遅れる」 **train**「電車」

第5節

98

第5節　接続詞

テーマ43 接続詞that❶

基本文 43

I know that he is a doctor.

私は彼が医者だと知っています。

例文 43-1

Everyone knows that the earth is round.

例文 43-2

I hope that it will be fine tomorrow.

例文 43-3

I don't think it's a good idea.

> thinkの後に接続詞thatが省略されている。

例文 43-4

Our teacher often says we talk too much in class.

> saysの後に接続詞thatが省略されている。

---

everyone「みんな、全員」　earth「地球」　round「丸い」　hope「望む」
too「～すぎる、あまりにも～」　much「たくさん」

第2章 中 2 編 **99**

ポイントをおさえよう!!

1. 接続詞thatは「…(という)こと」という意味の接続詞です。andやbutのように前後を結ぶのではなく、後ろに続く文とともにカタマリを作ります。このような接続詞を「従属接続詞」といいます。
2. thatから始まるカタマリは名詞の働きをします。下の例を見てください。1の文でthis wordという名詞があった場所に、2の文ではthatのカタマリがありますね。
   1　I know this word.「私はこの単語を知っています」
   　　　　　↓　同じようなイメージで…
   2　I know that he is a doctor.
   　　　　　　「私は彼が医者だということを知っています」
3. 接続詞thatは省略されることがあります。「言う」「思う」などの動詞の後に文が続いていたら、thatが省略されていると考えましょう。
   例　He said ⬜ he was tired.「彼は疲れたと言った」
   　　　　↑　　　　〈文〉
   　　that省略！

▶ 地球が丸いということを、みんなが知っています。

第5節

▶ 私は明日、晴れることを望んでいます。

▶ それはよい考えではないと思います。

▶ 先生は私たちが授業中おしゃべりをしすぎだとよく言います。

---

think「思う、考える」　**idea**「考え」　**often**「しばしば、頻繁に」　**say**「言う」

第5節　接続詞

44 接続詞that❷

基本文 44

I am sure that his team will win the game.

彼のチームは、きっと試合に勝つと思います。

例文 44-1　I'm afraid that I have to leave now.

例文 44-2　I was glad she liked my gift.

例文 44-3　My father was angry that my grades were poor.

例文 44-4　I'm sorry I'm late.

> 会話表現ではI'mを省略し"Sorry I'm late."のように言うことが多い。

---

sure「きっと…と思って」　win「勝つ」　game「試合」　afraid「恐れて、残念に思って」

ポイントをおさえよう!!

接続詞thatのカタマリを〈be動詞＋感情などの語〉の後に置くことができます。代表的なものとして、

1　*be* glad [happy] that...　「…ことがうれしい」
2　*be* sorry that...　「…ことが残念だ」「…ことが申し訳ない」
3　*be* sure that...　「きっと…だと思う」
4　*be* afraid that...　「残念ながら…だと思う」
5　*be* surprised that...　「…ことにびっくりする」
6　*be* angry that...　「…ことに怒って」
7　*be* proud that...　「…ことを自慢して」

などがあります。
★これらの場合のthatも省略できます。

▶ 残念ですが、もう出発しなければなりません。

▶ 私は彼女が贈り物を気に入ってくれてうれしかったです。

▶ 私の父は私の成績が悪かったことを怒っていました。

▶ 遅れてすみません。

glad「うれしい」　**gift**「贈り物」　**grade**「成績」　**poor**「悪い、低い」　**sorry**「申し訳ない」

テーマ45 "時"を表す接続詞

第5節 接続詞

基本文 45

He was studying when I visited him.

私が訪ねたとき、彼は勉強中でした。

例文 45-1

When the telephone rang, Kasumi was reading a book.

例文 45-2

Wash your hands before you eat dinner.

例文 45-3

You may watch TV after you finish your homework.

例文 45-4

Mrs. Kimura cleaned the room while her husband was out.

---

visit「訪ねる」 telephone「電話」 ring「鳴る」 book「本」 eat「食べる」
clean「掃除する」 out「外出して」

ポイントをおさえよう!!

❶ 接続詞whenは「…するときに」という意味です。thatと同様に「従属接続詞」で、後に続く文とともにカタマリを作ります。whenのカタマリは副詞の働きをします。副詞とは、取り除いても文が正しく成立する言葉のことです(たとえば、well「上手に」は副詞です)。

1　He could play the violin　well．彼は上手にバイオリンを
　　　　　　　　　　　　　　↓　　弾くことができました。
2　He could play the violin　when he was a child．
　　　　　彼は子どものとき、バイオリンを弾くことができました。

1の文でwellという副詞があった場所に、2の文ではwhenのカタマリがありますね。このカタマリは取り除いても、He could play the violin．という文が正しく成立します。

★whenのカタマリは以下のように、文の前半にも置けます。
2'　When he was a child, he could play the violin．

❷ whenと似たようなタイプの接続詞に、while「…している間に」/before「…する前に」/after「…した後に」などがあります。

▶電話が鳴ったとき、カスミは読書中でした。

▶晩ごはんを食べる前に手を洗いなさい。

▶宿題を終えた後にテレビを見てもよい。

▶木村さんは夫の外出中に部屋の掃除をしました。

---

before「〜の前に」　watch「見る」　TV「テレビ」　after「〜の後に」　finish「終える」

テーマ 46 "条件/理由"を表す接続詞

第5節　接続詞

基本文 46

If you turn right at this corner, you'll find the police box.

この曲がり角を右折すれば、交番があります。

例文 46-1

If you work too hard, you may become ill.

例文 46-2

You can use my eraser if you don't have one.

例文 46-3

Kosuke was absent from school yesterday because he had a cold.

例文 46-4

Why was Haruka absent from school yesterday?
—— Because she had a cold.

---

turn「曲がる」　right「右に」　corner「曲がり角」　find「見つける」　police box「交番」
be absent from〜「〜を欠席して」　have a cold「かぜを引いている」

第2章　中 2 編　105

ポイントをおさえよう!!

❶ ifは「もし…すれば」と"条件"を表す従属接続詞で、副詞の働きをするカタマリを作ります。

1　You can speak English　well.　あなたは**上手に**英語を話せます。
　　　　　　　　　　　↓
2　You can speak English　if you practice it .
　　　　　　　　　　　あなたは練習すれば英語を話せます。

1の文でwellという副詞があった場所に、2の文の if のカタマリがあります。if のカタマリは以下のように、文の前半にも置けます。

2'　If you practice it, you can speak English.

❷ becauseは「…なので、…だから」と"理由"を表す従属接続詞です。
　★Why...? に対する返事にBecause...を使うときは、Because...だけで文ができています(▶37ページ参照)。

▶ 仕事を一生懸命にやりすぎると、あなたは病気になってしまうかもしれないですよ。

▶ もし消しゴムがないのなら、私のを使っていいですよ。

▶ コウスケは昨日、かぜを引いていたので学校を休みました。

▶ ハルカはなぜ昨日学校を休んだのですか？
　　── かぜを引いていたからです。

---

work「働く」　become「～になる」　ill「病気の」　eraser「消しゴム」

第6節　不定詞

テーマ 47 不定詞の名詞用法

基本文 47

To study English is important.

英語を勉強することは重要です。

例文 47-1 Reina wants to go to Australia.

例文 47-2 Tadashi began to learn Spanish two years ago.

例文 47-3 I tried to answer that difficult question.

例文 47-4 My dream is to become a professional baseball player.

---

important「重要な」　Australia「オーストラリア」　Spanish「スペイン語」

ポイントをおさえよう!!

1. 不定詞とは、〈to+動詞の原形〉のカタマリのことです(実はtoが消えてしまう不定詞もあるのですが、とりあえず今のところはこれでOKです)。このカタマリが文の中で【名詞】【形容詞】【副詞】の働きをします。
2. 不定詞が【名詞】の働きをすることを【不定詞の名詞(的)用法】と呼び、「~すること」という意味になります。
3. 〈動詞+不定詞〉は、以下のものを覚えておきましょう。
    1. hope[want] to+動詞の原形「~することを望む」⇒「~したい」
    2. begin[start] to+動詞の原形「~することを始める」⇒「~し始める」
    3. try to+動詞の原形「~することを試みる」⇒「~しようとする」
    4. like to+動詞の原形「~することを好む」⇒「~するのが好きだ」
    5. decide to+動詞の原形「~することを決心する」⇒「~しようと決める」

▶ レイナはオーストラリアに行きたがっています。

▶ タダシは2年前にスペイン語を習い始めました。

▶ 私はその難問を解こうとしました。

▶ 私の夢はプロ野球選手になることです。

try「試みる」 **answer**「答える、(問題を)解く」 **dream**「夢」 **professional**「プロの」

テーマ 48 不定詞の形容詞用法

第6節　不定詞

基本文 48

I have a lot of homework to do.

私はやるべき宿題がたくさんあります。

例文 48-1　Asami bought a book to read during the trip.

> to read during the trip がbookを説明。

例文 48-2　I have some photos to show you.

> to show youがphotosを説明。

例文 48-3　Please give me something cold to drink.

> to drink「飲むための」がsomething cold「冷たい物」を説明。

例文 48-4　Yutaka stayed home because he had nothing to do.

> to doがnothingを説明。

---

photo「写真」　show「見せる」　give「与える」　something「何か」　home「家に」

ポイントをおさえよう!!

❶ 不定詞とは、〈to＋動詞の原形〉のカタマリのことです。このカタマリが文の中で【名詞】【形容詞】【副詞】の働きをします。

❷ 不定詞が【形容詞】の働きをすることを【不定詞の形容詞(的)用法】と呼びます。【形容詞】の働きとは、すぐ前の名詞について説明することです。下の例では、to do「するべき」が前のhomework「宿題」という名詞を説明しています。

例　I have a lot of *homework* to do.
　　　　　　　　　　名詞

❸ 不定詞の形容詞用法は、文の内容に応じて、「～すべき」「～するための」「～するような」「～するという」などの意味を表します。

▶ アサミは旅行中に読むための本を買いました。

▶ あなたに見せるべき写真が何枚かあります。

▶ 何か冷たい飲み物をください。

▶ ユタカは何もすべきことがなかったので家にいました。

---

nothing「何も…ない」

第6節 不定詞

テーマ 49 不定詞の副詞用法

基本文 49

My brother went to Paris to study art.

私の兄は、美術の勉強をするためにパリへ行きました。

例文 49-1

My mother went to the supermarket to buy some food.

> to buy...がwentを説明し、目的を表す。

例文 49-2

Why does he work hard every day?
—— To support his family.

> Why...?に対し、Because...の代わりに、目的を表す不定詞で答えることがある。

例文 49-3

I'm glad to see you again.

> to see you againはam gladという感情の原因を表す。

例文 49-4

He felt sad to hear the story.

> to hear the storyはfelt sadという感情の原因を表す。

Paris「パリ」 **art**「美術、芸術」 **supermarket**「スーパー(マーケット)」
sad「悲しい」 **hear**「聞く」 **story**「話、物語」

ポイントをおさえよう!!

1. 不定詞とは、〈to＋動詞の原形〉のカタマリのことです。このカタマリが文の中で【名詞】【形容詞】【副詞】の働きをします。
2. 不定詞が【副詞】の働きをすることを【不定詞の副詞（的）用法】と呼びます。【副詞】の働きとは、名詞以外のものを説明することです。下の例では、to study artがwentという動詞を説明しています（行った目的が不定詞で表されています）。

   例　My brother *went* to Paris to study art.
   　　　　　　　動詞

3. 不定詞の副詞用法はさまざまな意味を持ちますが、ここでは、目的「〜するために」と、感情の原因「〜して」の2つをおさえましょう。この2つ以外については169ページを参照してください。

   例　I *was surprised* to hear the news.
   　　　私はその知らせを聞いて驚いた。

   (to hear the newsはwas surprised「驚いた」という感情の原因を表しています)

▶ 私の母は食べ物を買うためにスーパーへ行きました。

▶ なぜ彼は毎日一生懸命働くのですか？
　　―― 家族を養うためです。

▶ あなたに再び会えてうれしいです。

▶ 彼はその話を聞いて悲しい気持ちになりました。

---

support「養う」　**glad**「うれしい、喜んで」　**again**「再び」　**feel**「〜な気持ちがする」

112

第7節　動名詞

テーマ 50 動名詞の働き

基本文 50

Smoking is bad for your health.

タバコを吸うことは健康に悪いです。

例文 50-1

My hobby is collecting stamps.

> is collectingを現在進行形と間違えないように！

例文 50-2

Fumiaki enjoyed talking with his foreign friends.

例文 50-3

Daisuke finished writing his report.

例文 50-4

Anna likes watching DVDs at home.

---

smoke「タバコを吸う」　bad「悪い」　health「健康」　hobby「趣味」　collect「集める」

ポイントをおさえよう!!

❶ 動名詞は、動詞の -ing 形が【名詞】の働きをすることをいいます。不定詞の名詞用法と働きはほとんど同じで、意味も「〜すること」です。
❷ 動詞の後に不定詞を置くか、動名詞を置くかは、動詞によって変わります。たとえば、likeは不定詞も動名詞も可ですが、hopeの後には不定詞のみ可、enjoyの後には動名詞のみ可です。
   1 不定詞も動名詞も可…start / begin / like など
   2 不定詞のみ可…hope / decide / plan など
   3 動名詞のみ可…enjoy / practice / finish など
❸ be動詞の後に -ing 形がある場合、1 現在進行形(「〜している」)と2 動名詞(「〜すること」が主語とイコール関係)の2つを区別する必要があります。
   例   1 My brother is taking photos.
          私の兄は写真を撮っています。 ➡ 現在進行形
       2 My hobby is taking photos.
          私の趣味は写真を撮ることです。 ➡ 動名詞

▶ 私の趣味は切手を集めることです。

▶ フミアキは外国人の友だちと話すのを楽しみました。

▶ ダイスケはレポートを書き終えました。

▶ アンナは家でDVDを見るのが好きです。

stamp「切手」　**foreign**「外国(人)の」

第7節 動名詞

テーマ 51 前置詞の後の動名詞

基本文 51

Wash your hands before eating lunch.

昼食を食べる前に手を洗いなさい。

例文 51-1 Ryota is good at making model airplanes.

例文 51-2 I'm tired of listening to the same story.

例文 51-3 Draw a straight line by using a ruler.

例文 51-4 Maki went away without saying a word.

lunch「昼食」 make「作る」 model「模型」 airplane「飛行機」 same「同じ」 word「言葉」

ポイントをおさえよう!!

❶ 動名詞は【名詞】の働きをし、「〜すること」の意味です。不定詞の名詞用法と似ていますが、最大の違いは前置詞の後に置けることです。不定詞は前置詞の後に置けません。
× She is good *at* to skate.
○ She is good *at* skating. 彼女はスケートが上手だ。
★「前置詞」とは、in / on / at / by / for / toなどの語で、直後の名詞とセットになり、このカタマリが形容詞や副詞の働きをします。

❷ 前置詞の後に動名詞が続く、以下の表現を覚えましょう。
1　in -ing　〜するときに　　2　on -ing　〜してすぐに
3　without -ing　〜せずに　　4　by -ing　〜することにより
5　before -ing　〜する前に　　6　after -ing　〜した後に
7　*be* good at -ing　〜するのが得意だ
8　*be* fond of -ing　〜するのが好きだ
9　*be* tired of -ing　〜するのに飽きている
10　*be* interested in -ing　〜することに興味がある

▶ リョウタは模型飛行機を作るのが得意です。

▶ 私は同じ話を聞くのに飽きています。

▶ 定規を使って直線を引きなさい。

▶ マキはひと言も言わずに行ってしまいました。

draw「描く」　**straight**「まっすぐの」　**line**「線」　**ruler**「定規」　**go away**「去る」

第8節　比較

テーマ 52 as 原級 as〜

基本文 52
He is as tall as his brother.

彼は彼のお兄さん（弟）と同じぐらいの身長です。

例文 52-1　My daughter is as old as your son.

> as old as〜「〜と同じくらい年をとっている」⇒「〜と同い年」

例文 52-2　His new novel isn't as interesting as his old one.

> 文末のoneはnovelの代わり。

例文 52-3　Osamu can run as fast as Tsutomu.

例文 52-4　My test score was not so good as yours.

> yoursはyour test scoreの代わり（▶35ページ参照）。

---

daughter「娘」　new「新しい」　novel「小説」　old「古い、昔の」　test「試験、テスト」

ポイントをおさえよう!!

❶ 〈as＋形容詞・副詞の原級＋as＋〜〉で「〜と同じくらい…」の意味を表します。「〜」の部分にはくらべる相手が入ります。
　★「原級」とは、この後で勉強する「比較級」や「最上級」になっていない、形容詞・副詞のもともとの形です。

❷ 否定文で〈not as＋形容詞・副詞の原級＋as＋〜〉とすると、「〜ほど…ない」という意味になります。つまり、くらべる相手より程度が低いことになります。「同じでない」という意味にはならないので、注意しましょう。
　★否定文の場合、前の as が so に変わることがよくあります。
　例文52-4のように、〈not so＋形容詞・副詞の原級＋as＋〜〉も、「〜ほど…ない」の意味になります。

▶ 私の娘はあなたの息子と同じ年齢です。

▶ 彼の新しい小説は、古い小説ほどおもしろくありません。

▶ オサムはツトムと同じくらい速く走ることができます。

▶ 私の試験の点数は、あなたほどよくなかったです。

score「点数、得点」

第8節 比較

テーマ 53 比較級 than〜

基本文 53

He is taller than his father.

彼は彼のお父さんよりも背が高いです。

例文 53-1

This question is easier than that one.

文末のoneはquestionの代わり。

例文 53-2

Akihiro is cleverer than Tsuyoshi.

clevererはcleverの比較級。

例文 53-3

In Brazil soccer is more popular than baseball.

popularは長いのでmoreをつけて比較級を作る。

例文 53-4

Would you speak more slowly?

とくにはっきりした比較の相手がなく、「今(まで)よりも…」「ふつうよりも…」「他の人よりも…」などという場合には、「than〜」なしで、比較級だけで使うこともある。

ポイントをおさえよう!!

❶ 〈形容詞・副詞の比較級＋than＋〜〉で「〜よりも…」の意味を表します。「〜」の部分にはくらべる相手が入ります。
❷ 「比較級」や、この後で勉強する「最上級」は、以下のように作ります（「原級 - 比較級 - 最上級」の順）。
　1　-eで終わる語 ➡ -r / -stをつける　例　large - larger - largest
　2　〈短母音＋子音字〉で終わる語 ➡ 子音字を重ねて-er / -estをつける
　　　例　hot - hotter - hottest
　3　〈子音字＋-y〉で終わる語 ➡ yをiに変えて-er / -estをつける
　　　例　easy - easier - easiest
　4　スペルが長い語 ➡ 前にmore / mostをつける
　　　例　beautiful - more beautiful - most beautiful
　5　その他 ➡ -er / -estをつける　例　high - higher - highest
★good / well - better - best、many / much - more - most のような不規則変化もあります（▶222ページ参照）。

▶この問題はあの問題よりも簡単です。

▶アキヒロはツヨシよりも頭がいいです。

▶ブラジルでは、サッカーは野球よりも人気があります。

▶もっとゆっくり話してくださいませんか？

clever「利口な、頭がいい」　**slowly**「ゆっくりと」

第8節 比較

テーマ 54 最上級

基本文 54

He is the tallest boy in his class.

彼はクラスでいちばん背の高い少年です。

例文 54-1 Mt. Fuji is the highest mountain in Japan.

例文 54-2 Alaska is the largest of all the states in the United States.

> largestは形容詞largeの最上級なのでtheは省略不可。

例文 54-3 Kazuaki can run (the) fastest of the three boys.

> fastestは副詞fastの最上級。前にtheをつけてもよい。

例文 54-4 Ryoko speaks English the best in our class.

> bestは副詞wellの最上級。theは省略可。

---

high「高い」 mountain「山」 large「大きい」 state「州」

ポイントをおさえよう!!

⟨(the＋)形容詞・副詞の最上級＋in[of]＋〜⟩で「〜の中で最も…」の意味を表します。「〜」の部分には比較の範囲を表す言葉が入ります。

★副詞の最上級の場合は、theをつけてもつけなくてもいいです。
★inとofの使い分けは、以下のように考えます。
1 in の後には"単数"の名詞
   例 in Japan / in the world / in my class / in this city など
2 of の後には"複数"の名詞
   例 of them / of all the boys / of the three など

▶ 富士山は日本でいちばん高い山です。

▶ アラスカはアメリカのすべての州で最も大きいです。

▶ カズアキはその3人の少年のうちで、いちばん速く走れます。

▶ リョウコは私たちのクラスでいちばん英語を話すのが上手です。

テーマ 55 比較の疑問文

第8節　比較

基本文 55

Which is larger, Tokyo or Osaka?
—— Tokyo is.

東京と大阪、どちらが大きいですか？
—— 東京です。

例文 55-1

Which do you like better, tea or coffee?
—— I like coffee better.

例文 55-2

Who studies harder, Hideto or Takuya?
—— Hideto does.

> doesはstudies harderの代わり（代動詞）。

例文 55-3

Who is the cleverest boy in your class?
—— Kengo is.

> Kengo isの後にthe cleverest boy in my classが省略。

例文 55-4

Which subject do you like best?
—— I like science best.

> いずれもbestの前にtheをつけてもよい。

ポイントをおさえよう!!

❶ 「AとBではどちらが…ですか？」と尋ねる疑問文は、〈Which...比較級, A or B?〉とします（選択疑問文）。ただし、人間の場合はwhichではなくwhoにします。
❷ 「何 [誰 / どちら] がいちばん…ですか？」と尋ねる疑問文は、〈What [Who / Which]...最上級？〉とします。whatとwhichは名詞とセットになる場合もあります.
　例　What sport do you like best?　何のスポーツがいちばん好きですか？
❸ 「～のほうが好き」「～がいちばん好き」という場合、比較級はbetter、最上級はbestを使います。
　例　I like English better than math.
　　　数学より英語のほうが好きです。
　　　I like English the best of all subjects.
　　　すべての教科の中で英語がいちばん好きです。
　疑問文の場合もbetterやbestを使うことに注意しましょう。

▶ 紅茶とコーヒーではどちらが好きですか？
　　── コーヒーのほうが好きです。

▶ ヒデトとタクヤではどちらが一生懸命に勉強しますか？
　　── ヒデトです。

▶ あなたのクラスでいちばん頭のいい少年は誰ですか？
　　── ケンゴです。

▶ あなたはどの教科がいちばん好きですか？
　　── 理科がいちばん好きです。

第9節　文型

テーマ 56　第1文型

基本文 56

Dogs bark.
　S　　V

犬は吠える。

例文 56-1

I go to school by bus.
 S V

> to schoolとby busは「前置詞＋名詞」なので、文型を考えるときは除外。

例文 56-2

Did you sleep well last night?
　　　S　　V

> wellとlast nightは「副詞」なので除外。

例文 56-3

Those pupils study hard every day.
　　　　S　　　V

> hardとevery dayは「副詞」なので除外。

例文 56-4

Masaki was walking alone in the park.
　S　　　　V

> aloneは「副詞」、in the parkは「前置詞＋名詞」なので除外。

bark「吠える」　**pupil**「生徒」

ポイントをおさえよう!!

① 命令文以外の英語の文には主語があります。主語は名詞です。主語は英語でSubjectというので、Sという記号で表します。

② 主語の後には動詞が続きます。これは国語の「述語」に相当します。英語では動詞のみが述語になるので、「述語動詞」ということもあります（本書では単に「述語」といいます）。動詞のことを英語でVerbというので、Vという記号で表します。

③ 動詞(V)は後ろに続くパターンが決まっています。たとえば、goの後には前置詞＋名詞のカタマリは来ますが、名詞が来ることはありません。このようなVのとるパターンのことを「文型」といい、英語には5つの文型があると考えられています。

④ Vの後に何もない文型(S＋V)を第1文型といいます。ただし、「副詞」や「前置詞＋名詞」は文型を考えるときに除外するので、第1文型が短い文とは限りません。左ページの英文はすべて第1文型(S＋V)です。

▶ 私はバスで学校に行きます。

▶ 昨晩はよく眠れましたか？

▶ あの生徒たちは毎日一生懸命に勉強します。

▶ マサキは公園をひとりで歩いていました。

第9節　文型

テーマ 57　第2文型

基本文 57

His son became a doctor.
　S　　　V　　　　C

彼の息子は医者になりました。

例文 57-1

Leaves turn red in autumn.
　S　　　V　　C

> in autumnは「前置詞＋名詞」なので文型を考えるときは除外。turnは色の変化に使うことが多い。

例文 57-2

My father got angry with me.
　S　　　　V　　C

> with meは「前置詞＋名詞」なので除外。angryは形容詞。

例文 57-3

Your dreams will come true some day.
　　S　　　　　V　　　C

> some dayは「副詞」なので除外。

例文 57-4

This flower smells sweet.
　　S　　　　V　　　C

> sweet「甘い」は形容詞。

autumn「秋」　dream「夢」　true「本当の、真実の」　some day「いつの日か」

ポイントをおさえよう!!

1. S(主語)+V(動詞)の後に名詞または形容詞が1つあり、これがSとイコール関係にある場合、「補語」といいます。「補語」は英語でComplementなので、Cという記号で表します。
2. S+V+Cのパターンを第2文型といいます。第2文型で使える動詞には以下のようなものがあります。
   1. be動詞
   2. "変化"を表す動詞:become / get / grow / turnなど(「～になる」)
   3. "維持"を表す動詞:remain / stay / keepなど(「～のままである」)
   4. "感覚"を表す動詞:look(「～に見える」) / sound(「～に聞こえる」) / smell(「～のにおいがする」) / taste(「～の味がする」)など

   ★2のグループの動詞にgo / come / fallがあります。go bad(「腐る」) / go wrong(「故障する」) / come true(「実現する」) / fall ill[sick](「病気になる」) / fall asleep(「眠る」)など、決まり文句で使います。

▶ 葉は秋に赤くなります。

▶ 父は私に怒りました。

▶ あなたの夢はいつの日か実現するでしょう。

▶ この花は甘い香りがします。

flower「花」 **smell**「～のにおいがする」 **sweet**「甘い」

テーマ 58 第3文型

基本文 58

I play tennis.
S V O

私はテニスをします。

例文 58-1

My mother cooks dinner every day.
S   V   O

> every dayは「副詞」なので文型を考えるときは除外。

例文 58-2

You must finish writing your report.
S   V   O

> writingは動名詞で、writing〜reportが名詞のカタマリ。

例文 58-3

Ryuta decided to become an actor when he was sixteen.
S   V   O

> when以下は副詞のカタマリなので除外。to〜actorが不定詞の名詞用法。

例文 58-4

I think that Kotaro will be a professional baseball player.
S V   O

> thatは接続詞で、that〜playerが名詞のカタマリ。

---

tennis「テニス」 **decide**「決める、決心する」 **actor**「俳優」 **think**「思う」

ポイントをおさえよう!!

❶ S(主語)+V(動詞)の後に名詞が1つあり、これが Sとイコール関係にない場合、「目的語」といいます。「目的語」は英語でObjectなので、Oという記号で表します。

❷ S+V+Oのパターンを第3文型といいます。第3文型で使える動詞は非常に多く、英語のほとんどの動詞は第3文型で使えるといっていいほどです。

❸ Oは名詞ですが、名詞の働きをする「不定詞」(▶107ページ参照)、「動名詞」(▶113ページ参照)、接続詞that(▶99ページ参照)から始まるカタマリなどが入ることもあります。

▶ 私の母は毎日夕食を作ります。

▶ あなたはレポートを書き終えなければなりません。

▶ リュウタは16歳のときに俳優になろうと決心しました。

▶ コウタロウはプロ野球選手になると思います。

テーマ 59 第4文型

第9節 文型

基本文 59

I gave him an interesting book.
　S　V　　O　　　　O

私は彼におもしろい本をあげました。

例文 59-1

Mr. Iida teaches us English.
　　S　　　V　　O　　O

例文 59-2

Would you show me your passport?
　　　　S　　V　　O　　　O

> Would you...?はていねいなお願いの表現(▶92ページ参照)。

例文 59-3

May I ask you some questions?
　　　S　V　O　　　O

> May I...?は許可を求める表現(▶89ページ参照)。

例文 59-4

My father often tells me that I should read many books.
　　　S　　　　　　V　　O　　　　　　O

> 接続詞thatが名詞の働きをするカタマリを作り、2つめのOになっている。

give「与える」　teach「教える」

ポイントをおさえよう!!

❶ S(主語)+V(動詞)の後に名詞が2つあり、この2つの名詞がイコールの関係にならない場合、両方の名詞が「目的語」となります。「目的語」は英語でObjectなので、Oという記号で表します。

❷ S+V+O+Oのパターンを第4文型といいます。ふつう、前のOに「人」、後のOに「物事」が入り、「(人)に(物事)を…する」の意味になります。

★後のOに接続詞that(▶99ページ参照)から始まるカタマリなどが入ることもあります。

❸ 第4文型で使う動詞はあまり多くはなく、以下のようなものがあります。

give「与える」/ tell「話す」/ show「見せる」/ teach「教える」/ buy「買ってあげる」/ make「作ってあげる」/ cook「料理してあげる」/ ask「尋ねる」など

▶ 飯田先生は私たちに英語を教えています。

▶ パスポートを見せていただけますか？

▶ あなたにいくつか質問をしてもいいでしょうか？

▶ 私の父はよく、たくさんの本を読むべきだと私に言います。

---

ask「尋ねる」　**tell**「言う、話す」　**read**「読む」

第9節 文型

テーマ 60 第5文型

基本文 60

I made my teacher angry.
S　V　　　O　　　　C

私は先生を怒らせてしまいました。

例文 60-1

We named the cat Momo.
S　　V　　　O　　　C

例文 60-2

You should keep your room clean.
S　　　V　　　　O　　　　C

例文 60-3

This novel made the author famous.
　S　　　V　　　O　　　　C

「この小説がその作家を有名にしました」が直訳。

例文 60-4

They elected him President of the United States.
　S　　V　　　O　　　　　　C

---

name「名付ける」　keep「保つ」　clean「きれいな、清潔な」　author「作家、著者」

ポイントをおさえよう!!

1. S+Vの後に名詞＋名詞 or 形容詞があり、この2つがイコール関係になる場合、前の名詞がO、後の名詞/形容詞がCとなります。
2. S+V+O+Cのパターンを第5文型といい、第4文型との区別が重要です。

   例　She made her daughter a doll.
   彼女は娘に人形を作ってあげました。
   ➡「娘≠人形」だから、第4文型(S+V+O+O)
   She made her daughter a nurse.
   彼女は娘を看護師にしました。
   ➡「娘＝看護師」だから、第5文型(S+V+O+C)

3. 第5文型で使う動詞には以下のようなものがあります。
   name「OにCと名付ける」/ call「OをCと呼ぶ」/
   make「OをCにする」/ think「OがCだと考える」/
   believe「OがCだと信じる」/ find「OがCだとわかる」/
   choose「OをCに選ぶ」/ elect「(選挙で)OをCに選ぶ」/
   keep「OをCのままに保つ」/ leave「OをCのままに放置する」　など

▶ 私たちはその猫にモモと名付けました。

▶ あなたは部屋をきれいにしておくべきです。

▶ この小説のおかげで、その作家は有名になりました。

▶ 彼らは彼をアメリカ合衆国大統領に選びました。

famous「有名な」　elect「(選挙て)選ぶ」

第10節　受身形

テーマ 61　第3文型の受身形

基本文 61

This picture was painted by my father.

この絵は私の父によって描かれました。

例文 61-1

This dictionary is used by many students.

> Many students use this dictionary.の受身形。

例文 61-2

This bread was baked by my mother.

> My mother baked this bread.の受身形。

例文 61-3

Shoko was taken to the hospital by her parents.

> Her parents took Shoko to the hospital.の受身形。

例文 61-4

English is spoken all over the world.

> People[We / They] speak English all over the world.の受身形。「一般の人々」の場合、by〜は省略されるのがふつう。

paint「描く」　bread「パン」

ポイントをおさえよう!!

① 「〜される」という意味を表す形を「受身形」といいます。
② 受身形は以下の手順で作ります。
　1　もとの文の O を S に変える
　2　もとの文の V を〈be動詞＋過去分詞〉の形にする
　3　もとの文の S に前置詞 by をつけて文末に置く
　例　<u>My father</u>　<u>painted</u>　<u>this picture.</u>
　　　　3　S　　　　2　V　　　1　O

　　　<u>This picture</u>　<u>was painted</u>　<u>by my father.</u>
　★by〜の部分は、とくに必要がない場合は省略できます。
　★「過去分詞」は過去形と同様に、動詞に-edをつけるのが基本ですが、不規則活用もあります（▶220、221ページ参照）。
③ 上の1の手順からわかるように、Oがない文（第1文型：S＋V／第2文型：S＋V＋C）は受身形にできません。

第10節

▶ この辞書は多くの学生によって使われています。

▶ このパンは私の母によって焼かれました。

▶ ショウコは両親によって病院に連れて行かれました。

▶ 英語は世界中で話されています。

bake「（パン、ケーキなどを）焼く」　**take** *A* **to** *B*「*A*を*B*に連れて行く」
all over the world「世界中で」

テーマ 62 第4文型の受身形

第10節 受身形

基本文 62

I was taught English by Mr. Brown.

私はブラウン先生に英語を教わりました。

例文 62-1

We were told a sad story by our teacher.

> Our teacher told us a sad story.の受身形。

例文 62-2

A sad story was told (to) us by our teacher.

> Our teacher told us a sad story.の受身形。

例文 62-3

The poor boy was given some money by the old man.

> The old man gave the poor boy some money.の受身形。

例文 62-4

Some money was given (to) the poor boy by the old man.

> The old man gave the poor boy some money.の受身形。

---

poor「貧しい」

ポイントをおさえよう!!

❶ 受身形は以下の手順で作ります(復習)。
  1 もとの文の O を S に変える
  2 もとの文の V を〈be動詞＋過去分詞〉の形にする
  3 もとの文の S に前置詞byをつけて文末に置く
❷ 第4文型(S+V+O+O)の場合、Oが2つあるので、手順1の段階で2通りに分かれることになります。
  例 My mother gave me this book.の受身形は、
    1)1つめの O であるmeをSにすると…
      I was given this book by my mother.
      私は母によってこの本を与えられた。
    2)2つめの O であるthis bookをSにすると…
      This book was given me by my mother.
      この本は母によって私に与えられた。
  ★This book was given to me by my mother.はMy mother gave this book to me.という第3文型(S+V+O)の文の受身形で、こちらのほうが自然な英語です。

▶ 私たちは先生から悲しい物語を話されました。

▶ 悲しい物語が先生によって私たちに話されました。

▶ 貧しい少年は、おじいさんによっていくらかのお金を与えられました。

▶ いくらかのお金が、おじいさんによって貧しい少年に与えられました。

テーマ 63 第5文型の受身形

第10節 受身形

基本文 63

Mr. Hashimoto was elected mayor of Osaka City.

橋下氏は大阪市の市長に選ばれました。

例文 63-1

The baby was named Jun by his grandfather.

> His grandfather named the baby Jun.の受身形。

例文 63-2

Megumi is called Meg by her classmates.

> Her classmates call Megumi Meg.の受身形。

例文 63-3

Ichiro was chosen the MVP.

> They chose Ichiro the MVP.の受身形。

例文 63-4

This door should be kept open.

> You[We] should keep this door open.の受身形。openは動詞ではなく「開いている」という意味の形容詞。

mayor「市長」　grandfather「祖父」

ポイントをおさえよう!!

❶ 受身形は以下の手順で作ります(復習)。
1 もとの文の O を S に変える
2 もとの文の V を〈be動詞＋過去分詞〉の形にする
3 もとの文の S に前置詞 by をつけて文末に置く

❷ 第5文型(S+V+O+C)の場合、Oは1つだけなので、受身形も1通りです。手順 1 で間違えて C を S に変えたりしないように注意しましょう。

例　<u>They</u> elected <u>Mr. Hashimoto</u> *mayor of Osaka City*.
　　　S　　V　　　　O　　　　　　　　C

　➡ <u>Mr. Hashimoto</u> was elected *mayor of Osaka City*.
　　橋下氏は大阪市の市長に選ばれました。

▶ その赤ちゃんは、祖父によりジュンと名付けられました。

▶ メグミはクラスメートにメグと呼ばれています。

▶ イチローはMVP(最優秀選手)に選ばれました。

▶ このドアは開けたままにしておくべきです。

---

call「呼ぶ」　**choose**「選ぶ」　**open**「開いている」

第10節 受身形

テーマ 64 受身形 — 否定文/疑問文

基本文 64

Who was this window broken by?
—— It was broken by Toshiki.

この窓は誰によって割られたのですか？
—— トシキによって割られました。

例文 64-1

This sweater wasn't bought by me.

> I didn't buy this sweater. の受身形。

例文 64-2

Was this poem written by your aunt?
—— No, it wasn't.

> Did your aunt write this poem?の受身形。

例文 64-3

What was done by him yesterday?

例文 64-4

What is this flower called in English?

---

break「壊す、割る」 **poem**「詩」 **aunt**「叔母」 **flower**「花」

ポイントをおさえよう!!

❶ 受身形の否定文、疑問文については、基本的にbe動詞の文と同様に考えます。

❷ 注意が必要なのは疑問詞の疑問文で、もとの文で疑問詞がSやO、Cになっている場合です。

例1　<u>Who</u> <u>broke</u> <u>this window</u>?　誰がこの窓を割りましたか？
　　　S　　V　　　O

　➡ Who was this window broken by?

　2　<u>What</u> did <u>he</u> <u>do</u> yesterday?　昨日彼は何をしましたか？
　　　O　　　S　V

　➡ What was done by him yesterday?

　3　<u>What</u> do <u>they</u> <u>call</u> <u>this flower</u> in English?
　　　C　　　S　　V　　　O

　　この花は英語で何と呼ばれていますか？

　➡ What is this flower called in English?

▶ このセーターは私が買ったのではありません。

▶ この詩はあなたの叔母さんによって書かれたのですか？
　　—— いいえ、違います。

▶ 昨日彼によって何がなされましたか？

▶ この花は英語で何と呼ばれていますか？

第10節 受身形

テーマ 65 by以外の前置詞を使う受身形

基本文 65

Mt. Fuji is known to many foreigners.

富士山は多くの外国人に知られています。

例文 65-1

The hill was covered with snow.

> Snow covered the hill.の受身形。

例文 65-2

Kanako was surprised at the news.

> The news surprised Kanako.の受身形。

例文 65-3

I am interested in Japanese history.

> Japanese history interests me.の受身形。

例文 65-4

The closet is filled with comic books.

> Comic books fill the closet.の受身形。

---

foreigner「外国人」 **hill**「丘」 **cover**「覆う」 **surprise**「驚かせる」
closet「クローゼット」 **comic**「マンガ」

ポイントをおさえよう!!

1. 受身形は以下の手順で作ります(復習)。
   1. もとの文の O を S に変える
   2. もとの文の V を〈be動詞＋過去分詞〉の形にする
   3. もとの文の S に前置詞byをつけて文末に置く
2. 上の手順3で、by以外の前置詞をつけることもあります。
   例　Many foreigners know Mt. Fuji.
   ➡ Mt. Fuji is known ~~by~~ many foreigners.
   　　　　　　　　　　　to
3. 以下の受身形の表現を覚えておきましょう。
   1. *be* covered with〜　「〜に覆われている」
   2. *be* filled with〜　「〜で満たされる(いっぱいだ)」
   3. *be* known to〜　「〜に知られている」
   4. *be* surprised at〜　「〜に驚く」
   5. *be* interested in〜　「〜に興味がある」
   6. *be* pleased with〜　「〜に喜ぶ」
   7. *be* disappointed at〜　「〜にがっかりする」

▶ 丘は雪に覆われていました。

▶ カナコはその知らせに驚きました。

▶ 私は日本史に興味があります。

▶ クローゼットはマンガ本でいっぱいです。

news「知らせ、ニュース」　interest「興味を引く」　history「歴史」

第10節　受身形

テーマ 66 be madeの後の前置詞

基本文 66

Cheese is made from milk.

チーズは牛乳から作られます。

例文 66-1　This cake was made by my girlfriend.

> My girlfriend made this cake.の受身形。

例文 66-2　This watch is made in Switzerland.

例文 66-3　This house is made of wood.

例文 66-4　Milk is made into cheese.

---

cheese「チーズ」　milk「牛乳」　cake「ケーキ」　Switzerland「スイス」　wood「木材」

ポイントをおさえよう!!

❶ 受身形のbe made「作られる」の後に続く前置詞がよく問われるので注意しましょう。

❷ 「〜によって作られる」は原則どおり、be made by〜です。
例　This cake was made by my girlfriend.

❸ 「スイス製だ」のように、生産地をいうときは、be made in〜です。
例　This watch is made in Switzerland.

❹ 以下の表現に注意しましょう。
1　be made of〜「〜でできている」*物質変化なし
例　This house is made of wood.　この家は木造です。
2　be made from〜「〜から作られる」*物質変化あり
例　Wine is made from grapes.　ワインはブドウから作られます。
3　be made into〜「〜に加工される」*物質変化あり
例　Grapes are made into wine.　ブドウはワインに加工されます。

▶ このケーキは私のガールフレンドによって作られました。

▶ この時計はスイス製です。

▶ この家は木造です（この家は木材でできています）。

▶ 牛乳はチーズに加工されます。

修飾は〈後ろから前へ〉?

「修飾」という言葉は、みなさんはよく知っていますね? 「詳しく説明する」というイメージでいいでしょう。
　たとえば、「美しい花」という場合、「美しい」(=形容詞) が「花」(=名詞) を修飾しています。

　さて、私たちの日本語では、「修飾」はつねに〈前から後ろへ〉です。

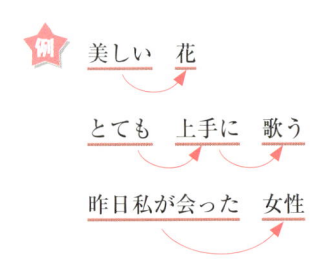

例　美しい　花

とても　上手に　歌う

昨日私が会った　女性

　ところが、英語はそうではないのです!

　英語でも〈前から後ろへ〉修飾することもありますが、〈後ろから前へ〉修飾することのほうがずっと多いのです。
「不定詞」や「分詞」の勉強をしていて、そのことに(なんとなく)気がついた人も多いのではないでしょうか。
　なお、この後勉強する「関係代名詞」も、〈後ろから前へ〉修飾する働きをします。

　では、例を挙げながら整理してみましょう。

(1) 〈前から後ろへ〉修飾：日本語と同じ順番

a *tall* *man*　　　背の高い男性
　　　　　　　　　　＊*tall* は形容詞

a *walking* *man*　　歩いている男性
　　　　　　　　　　＊*walking* は現在分詞

an *injured* *man*　　ケガをした男性
　　　　　　　　　　＊*injured* は過去分詞

(2) 〈後ろから前へ〉修飾：日本語にはない順番

英語ではこちらが原則。

a man in the garden　　庭にいる男性
　　　　　　　　　　＊*in the garden* は前置詞＋名詞

a man to help me　　私を助けてくれる男性
　　　　　　　　　　＊*to help me* は不定詞

a man walking in the garden
　　　　　　　　　　庭で歩いている男性
　　　　　　　　　　＊*walking in the garden* は現在分詞

a man injured in the traffic accident
　　　　　　　　　　交通事故でケガをした男性
　　　　　　　　　　＊*injured* は過去分詞

a man who lives in Kyoto
　　　　　　　　　　京都に住んでいる男性
　　　　　　　　　　＊*who* は関係代名詞

a man (whom) you met yesterday
　　　　　　　　　　あなたが昨日会った男性
　　　　　　　　　　＊*whom* は関係代名詞

テーマ 67 現在完了形❶ — 肯定文

第1節 現在完了形

基本文 67

I have finished my homework.

私は宿題を終えました。

例文 67-1

David has lived in New York for five years.

【継続】の用法。

例文 67-2

My father has climbed Mt.Fuji four times.

【経験】の用法。

例文 67-3

We've known each other since we were children.

【継続】の用法。We'veはWe haveの短縮形。sinceはここでは接続詞で、since＋S＋Vで「SがVして以来（ずっと）」の意味。

例文 67-4

He's just left the office.

【完了】の用法。He'sは、ここではHe isではなくHe hasの短縮形。

---

climb「登る」 each other「お互い」 child「子ども」 leave「出発する」

ポイントをおさえよう!!

❶ 〈主語＋have[has]＋過去分詞...〉の形を「現在完了形」といいます。主語が3人称単数の場合はhas、それ以外の場合はhaveを使います。
★「過去分詞」は過去形と同様に、動詞に-edをつけるのが基本ですが、不規則活用もあります(▶220、221ページ参照)。

❷ 「現在完了形」は以下のような意味を表します。
  1 (現在までの)完了：もう～した、すでに～した
  2 (現在までの)経験：(今までに)～したことがある
  3 (現在までの)継続：(現在まで)ずっと～している[～である]
  ★ 1～3の意味の区別は、文の意味のほか、いっしょに使われる語句もヒントになります。たとえば、already(「すでに」)があったら【完了】、three times など"回数"を表す語句があったら【経験】、for ten years(「10年間」)やsince then(「その時以来(ずっと)」)など"期間"を表す語句があったら【継続】と考えます。
  ★【完了】【経験】【継続】のほかに【結果】を表す用法もあります(▶157ページ参照)。

▶ デイビッドは5年間ニューヨークで暮らしています
(ニューヨークで暮らして5年になります)。

▶ 私の父は4回富士山に登ったことがあります。

▶ 私たちは子どものころから知り合いです。

▶ 彼はちょうど会社を出たところです。

---

office「会社、事務所」

第1節　現在完了形

テーマ 68　現在完了形❷ ── 否定文

基本文 68

I have not read this magazine yet.

私はこの雑誌をまだ読んでいません。

例文 68-1

I haven't seen William for two months.

【継続】の用法。

例文 68-2

Michael hasn't found his wallet yet.

【完了】の用法。yetはhasn'tのすぐ後ろでも可。

例文 68-3

I've never heard this song before.

【経験】の用法。

例文 68-4

Sophia hasn't eaten lunch yet because she has been very busy since this morning.

hasn't eatenは【完了】、has beenは【継続】の用法。sinceはここでは前置詞で「〜以来（ずっと）」の意味。

ポイントをおさえよう!!

❶ 現在完了形の否定文は、〈主語＋have[has] not＋過去分詞...〉の形にします。have not の短縮形はhaven't、has not の短縮形はhasn'tです。

❷ 「(今までに)〜したことがない」という【経験】の用法の否定文は、not の代わりに never を使うのがふつうです。

❸ 「まだ〜していない」という【完了】の用法の否定文は、文末やnotのすぐ後に yet (「まだ」)という副詞を置くことが多いです。
   例 I have not read this magazine yet.
   ＝I have not yet read this magazine.

▶ 私は2か月間ずっとウィリアムに会っていません。

▶ マイケルはまだ財布を見つけていません。

▶ 私はこの歌を今までに一度も聴いたことがありません。

▶ ソフィアは今朝からずっととても忙しかったので、まだ昼食を食べていません。

---

magazine「雑誌」 **yet**「まだ」 **wallet**「財布」 **since**「〜以来」

テーマ 69 現在完了形❸ — 疑問文❶

第1節　現在完了形

基本文 69

Have you eaten your dessert yet?
—— No, not yet.

あなたはもうデザートを食べましたか？
—— いいえ、まだです。

例文 69-1

Have you ever visited Kyoto?
—— Yes, I have.

【経験】の用法。

例文 69-2

Has Emily cleaned her room yet?
—— No, she hasn't.

【完了】の用法。

例文 69-3

Have you studied English for two years?
—— Yes, I have.

【継続】の用法。

例文 69-4

Have you had a cat?　【経験】の用法。
—— Yes. I've had a cat since last year.

【継続】の用法。

dessert「デザート」　clean「掃除する」

ポイントをおさえよう!!

1. 現在完了形の疑問文は、〈Have[Has] +主語+過去分詞...?〉の形にします。
2. 答え方は、Yes, 主語+have[has]. / No, 主語+have[has] not.です。
   ★ 【完了】の用法の場合、No, 主語+have[has] not.の代わりに、No, not yet.と答えることもあります。
3. 【完了】の用法の疑問文で、yet(「もう」)を文末に置くことがあります。already(「もう」)は、ふつう疑問文では使いません。
   ★ alreadyを疑問文で使うのは、1「(当然)もう…しましたね」という"肯定(Yes)の答え"を期待している場合と、2「もう…したんですか！」という"驚きの気持ち"を表す場合です。
4. 【経験】の用法で、「…したことがありますか？」と尋ねる場合、ever(「今までに」)を過去分詞のすぐ前に置くことがあります。

▶ あなたは今までに京都を訪れたことがありますか？
　　—— はい、あります。

▶ エミリーは部屋の掃除をもうしましたか？
　　—— いいえ、まだです。

▶ あなたは2年間英語を勉強してきたのですか？
　　—— はい、そうです。

▶ 猫を飼ったことがありますか？
　　—— はい。去年から猫を飼っています。

第1節 現在完了形

テーマ 70 現在完了形❹ ── 疑問文❷

基本文 70

How long have you lived in Hawaii?
── I've lived here for seven years.

あなたはどれぐらいの間ハワイに住んでいるのですか？
── 7年間住んでいます。

例文 70-1
How many times have you traveled abroad?
── I've traveled abroad five times.

例文 70-2
How many students has Mr. Mihara taught?
── He has taught more than one thousand students.

例文 70-3
How long have you been married?
── We've been married for fifteen years.

例文 70-4
What has happened to your father?
── He has been ill in bed since last Sunday.

> What has happened to～? = What has become of～?
> 「～はどうしたのですか」は会話でよく使う表現。happen to～=become of～は「～の身に起こる」という意味。

ポイントをおさえよう!!

❶ 疑問詞から始まる現在完了形の疑問文は、〈疑問詞＋have[has] ＋主語＋過去分詞...？〉の形にします。このような疑問文に対しては、Yes / Noで答えることはできません。
　★「誰が…？」「何が…？」のように、疑問詞のwhoやwhatなどが主語になる場合は、〈疑問詞＋have[has] ＋過去分詞...？〉となります。
　例　Who has lived in this house?
　　　この家にずっと住んでいるのは誰ですか？

❷ 現在完了形とともに用いられることの多い疑問詞は、以下の2つです。
　1 How long...?「どのぐらいの間…か？」「いつから…か？」
　　➡【継続】
　2 How many times...?＝How often...?「何回…か？」
　　➡【経験】

❸ When...?「いつ…か？」とWhat time...?「何時に…か？」は、現在完了形の疑問文では使えません（▶217ページ参照）。

▶ あなたは何回海外旅行に行ったことがありますか？
　　── 5回行ったことがあります。

▶ 三原先生は今まで何人の生徒を教えてきましたか？
　　── 彼は1000人以上の生徒を教えてきました。

▶ あなたたちは結婚してどのぐらいたつのですか？
　　── 私たちは結婚して15年たちます。

▶ あなたのお父さんはどうしたのですか？
　　── 先週の日曜から病気で寝ています。

---

travel「旅行する」　abroad「海外に」　more than~「〜以上、〜より多くの」
be married「結婚している」　happen to~「〜の身に起こる」　ill in bed「病気で寝て」

第1節 現在完了形

テーマ 71 現在完了形❺ ─ その他

基本文 71

I have just been to the post office.

私はたった今、郵便局に行ってきたところです。

例文 71-1

Daniel has been in Okinawa for two weeks.

【継続】の用法。

例文 71-2

Amelia isn't at home. She's gone to school.

【結果】の用法。

例文 71-3

How long has your father been abroad?
── **He's been abroad for six months.**

【継続】の用法。abroadは副詞なのでtoを前につけない。

例文 71-4

How often have you been to London?
── **I've been there twice.**

【経験】の用法。Londonは名詞だからtoを前につけるが、thereは副詞なのでtoを前につけない。

post office「郵便局」　twice「2回」

ポイントをおさえよう!!

❶ 現在完了形の重要な表現として、以下のものを覚えましょう。
1. have been to ～　（※「～」は場所を表す名詞。以下同じ）
   【経験】～に行ったことがある
   【完了】～に行ってきたところだ
2. have been in～
   【継続】～にずっといる
3. have gone to～
   【結果】～に行ってしまった(ので今はここにいない)

★「～」に場所を表す副詞（there / here / home / abroadなど）を入れる場合、その前の to や in が消えます。
例　× I have never been to there.
　　○ I have never been there.　私はそこに行ったことがない。

❷ 上の3で出てきた【結果】の用法とは、過去のできごとの結果が現在まで影響していることを表す用法です。
例　He has lost his mobile phone.
　　彼は携帯電話をなくしてしまった(ので今は携帯電話がない)。

▶ ダニエルは2週間ずっと沖縄にいます。

▶ アメリアは家にいません。学校に行ってしまいました。

▶ あなたのお父さんはどれぐらいの間海外にいるのですか？
　── 彼は6か月間海外にいます。

▶ あなたは何回ロンドンに行ったことがありますか？
　── 2回あります。

テーマ 72 疑問詞＋不定詞

第2節　不定詞

基本文 72

I don't know how to solve this math problem.

この数学の問題の解き方がわかりません。

例文 72-1　Would you tell me what to do next?

> 第4文型(S+V+O+O)の文。meが1つめのO、what to do nextは2つめのO。

例文 72-2　Natalie asked her sister how to knit a sweater.

例文 72-3　Do you know which bus to take?

> whichがbusという名詞とセット。

例文 72-4　Have you decided what to wear to the party?

---

solve「解く、解決する」　math「数学」　problem「問題」　tell「教える」　next「次に」

ポイントをおさえよう!!

❶ 〈疑問詞＋to＋動詞の原形〉は「…（＝疑問詞の意味）〜すべきか」と訳します。たとえば、where to goは「どこに行くべきか」、when to startは「いつ出発すべきか」という意味です。
　★〈how＋to＋動詞の原形〉は「どのように〜すべきか」の意味ですが、「〜する方法」「〜するやり方」と訳すこともあります。
　★〈why＋to＋動詞の原形〉という表現はありません。
❷ 〈疑問詞＋to＋動詞の原形〉は、文中で名詞の働きをし、S・O・Cになったり、前置詞の後に置かれたりします。
❸ whatやwhichは名詞とセットになり、〈疑問詞＋名詞＋to＋動詞の原形〉のパターンになることもあります。たとえば、what food to eat「何の食べ物を食べるべきか」のようになります。この場合、名詞にはa(n)やtheなどはつきません。

▶ 次に何をすべきか教えていただけませんか？

▶ ナタリーはお姉さん（妹）にセーターの編み方を聞きました。

▶ どちらのバスに乗るべきかわかりますか？

▶ パーティーに何を着ていくか決めましたか？

---

knit「編む」　sweater「セーター」　take「(乗り物に)乗る」　decide「決める」　wear「着る」

テーマ 73 It...to＋動詞の原形

第2節　不定詞

基本文 73

It is difficult to get a perfect score.

満点をとることは難しいです。

例文 73-1　It is interesting to talk with people from different countries.

例文 73-2　It's a lot of fun to watch many different animals in the zoo.

例文 73-3　It is important for you to learn English idioms.

例文 73-4　I think that it is easy for her to solve this problem.

---

perfect score「満点」　**interesting**「おもしろい、興味深い」
fun「楽しみ」　**animal**「動物」　**zoo**「動物園」　**important**「重要な」

第3章 中 3 編 **161**

ポイントをおさえよう!!

❶ 不定詞とは、〈to＋動詞の原形〉のカタマリのことです。このカタマリが文の中で【名詞】【形容詞】【副詞】の働きをします。
❷ 不定詞が【名詞】の働きをして主語になる場合、文頭にItという主語を代わりに置き、不定詞のカタマリを文末のほうに置くことがあります。

例 <u>To get a perfect score</u> <u>is</u> <u>difficult</u>.
　　　　　　S　　　　　　　　V　　　C

　<u>It</u> <u>is</u> <u>difficult</u> <u>to get a perfect score</u>.
　S'　V　　C　　　　　　　S

このようなItのことを「仮主語」または「形式主語」といい、後ろに移動した不定詞のカタマリを「真主語」といいます。
★不定詞のすぐ前にfor...を置くと、「…が〜すること」の意味を表せます。これにより、不定詞の主体がはっきりします。
　例 It is difficult *for me* to get a perfect score.
　　　私が満点をとることは難しいです。

第2節

▶ さまざまな国々から来た人々と話をすることはおもしろいです。

▶ 動物園で多くのさまざまな動物を見るのはとても楽しいです。

▶ あなたが英熟語を覚えることは重要です。

▶ 私は彼女がこの問題を解くのは簡単だと思います。

different「異なる、さまざまな」　**country**「国」　**a lot of**〜「たくさんの〜」
learn「覚える、身につける」　**idiom**「熟語」

第2節　不定詞

テーマ 74　V+O+不定詞

基本文 74

I asked my uncle to repair my bicycle.

私は叔父に自転車を修理してくれるよう頼みました。

例文 74-1

Matthew told me to wait for him at the gate.

例文 74-2

I want you to help me with my homework.

例文 74-3

I would like you to help me with my homework.

例文 74-4

The doctor advised my grandfather to stop smoking.

---

ask「頼む」　uncle「叔父」　repair「修理する」　bicycle「自転車」　wait for〜「〜を待つ」

ポイントをおさえよう!!

❶ 不定詞がV(動詞)＋O(目的語)の後に置かれ、「Oに～するようVする」という意味を表すことがあります。

❷ 以下のものは覚えておきましょう。
1 ask＋O＋to＋動詞の原形「Oに～するよう頼む」
2 tell＋O＋to＋動詞の原形「Oに～するように言う」
3 order＋O＋to＋動詞の原形「Oに～するよう命令する」
4 advise＋O＋to＋動詞の原形「Oに～するよう忠告する」
5 want＋O＋to＋動詞の原形「Oに～してほしい」
   ※want to＋動詞の原形(「～したい」)と区別しましょう！
6 would like ＋O＋to＋動詞の原形「Oに～してほしい」
   ※would like to＋動詞の原形(「～したい」)と区別しましょう！
※5より6のほうがていねいな表現です。

▶ マシューは私に門のところで待つように言いました。

▶ 私はあなたに宿題を手伝ってもらいたいです。

▶ 私はあなたに宿題を手伝っていただきたいのです。

▶ 医者は私の祖父にタバコをやめるよう忠告しました。

gate「門」 **advise**「忠告する」 **stop**「やめる」 **smoke**「タバコを吸う」

テーマ75 too...to＋動詞の原形

第2節　不定詞

基本文 75

I was too tired to walk.

私は疲れすぎていて歩けませんでした。

例文 75-1　Jacob is too busy with his work to meet his friends.

例文 75-2　Jacob is so busy with his work that he can't meet his friends.

例文 75-3　This chair is too heavy for me to carry.

例文 75-4　This chair is so heavy that I can't carry it.

---

tired「疲れた」　busy「忙しい」　chair「イス」　heavy「重い」　carry「運ぶ」

ポイントをおさえよう!!

❶ 〈too＋形容詞/副詞＋to＋動詞の原形〉で「――すぎて~できない」「~するには――すぎる」という意味を表すことができます。
　★不定詞のすぐ前にfor...を置くと、「…は~できない」「…が~するには」の意味を表せます。これにより、不定詞の主体がはっきりします。
　　例　This question is too difficult *for me* to answer.
　　　　この質問は難しすぎて私は答えられない。

❷ 〈so＋形容詞/副詞＋that...〉(thatの後はS＋Vの文が入る)で「とても――なので…」という意味を表すことができます。
　　例　Leah is so cute that she is popular among boys.
　　　　リアはとてもかわいいので、男の子たちに人気です。

❸ 〈too＋形容詞/副詞＋to＋動詞の原形〉を〈so＋形容詞/副詞＋that...〉で書き換えることができます。
　　例　I was too tired to walk.
　　　　＝I was so tired that I *couldn't* walk.

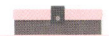

▶ ジェイコブは仕事が忙しすぎて友達に会えません。

▶ ジェイコブは仕事がとても忙しいので友達に会えません。

▶ このイスは重すぎて私には運べません。

▶ このイスはとても重いので私には運べません。

テーマ 76 …enough to＋動詞の原形

基本文 76

John is tall enough to touch the ceiling.

ジョンは天井をさわれるほど背が高いです。

例文 76-1

Ryan is rich enough to buy that expensive car.

例文 76-2

Ryan is so rich that he can buy that expensive car.

例文 76-3

This computer is cheap enough for me to buy.

例文 76-4

This computer is so cheap that I can buy it.

---

enough「十分」 touch「さわる」 ceiling「天井」 expensive「高価な」

ポイントをおさえよう!!

❶ 〈形容詞/副詞＋enough＋to＋動詞の原形〉で「十分——なので〜できる」「〜できるほど——だ」という意味を表すことができます。
　★不定詞のすぐ前にfor...を置くと、「…は〜できる」「…が〜できるほど」の意味を表せます。これにより、不定詞の主体がはっきりします。
　　例　This question is easy enough *for me* to answer.
　　　　この質問は私が答えられるほどやさしい。

❷ 〈so＋形容詞/副詞＋that...〉(thatの後はS＋Vの文)で「とても——なので…」という意味を表すことができます。
　　例　Leah is so cute that she is popular among boys.
　　　　リアはとてもかわいいので男の子たちに人気です。

❸ 〈形容詞/副詞＋enough＋to＋動詞の原形〉を〈so＋形容詞/副詞＋that...〉で書き換えることができます。
　　例　John is tall enough to touch the ceiling.
　　　＝John is so tall that he can touch the ceiling.

▶ ライアンはあの高価な車を買えるほどお金持ちです。

▶ ライアンはとてもお金持ちなので、あの高価な車を買えます。

▶ このコンピュータは私が買えるほど安いです。

▶ このコンピュータはとても安いので、私にも買えます。

---

computer「コンピュータ」　**cheap**「安い」

テーマ 77 不定詞の副詞用法（発展編）

第2節　不定詞

基本文 77

He must be a genius to solve such a difficult problem.

そんな難問を解けるなんて、彼は天才に違いない。

例文 77-1
How careless you are to make such a mistake!

> You are very careless to make such a mistake. の感嘆文（▶192ページ参照）。

例文 77-2
This book is easy to read.

例文 77-3
This river is dangerous to swim in in July.

> 2つあるinのうち、前は"場所"を表し（「川の中で泳ぐ」）、後は"時"を表す（「7月に」）。

例文 77-4
My father is hard to please.

> pleaseは「喜ばせる」。hard to pleaseで「喜ばせるのに難しい」→「機嫌をよくさせるのが難しい」→「気難しい」の意味。

---

genius「天才」　**such**「そんな、そのような」　**careless**「不注意な」

ポイントをおさえよう!!

❶ 不定詞の副詞用法(=名詞以外を修飾)はさまざまな意味を持ちます。本書の「中2編」では、【目的】「〜するために」と【感情の原因】「〜して」の2つを学びました(▶111ページ参照)。

❷ そのほかに以下の用法をおさえましょう。
 1【直前の形容詞を修飾】「〜するには、〜するのに」
  例 This book is easy to read.
    この本は読むには簡単だ(=読みやすい)。
 ※「副詞用法」とは、ふつうは動詞を修飾する用法ですが、上の例ではto readがeasyという形容詞を修飾しています。
 2【判断の根拠】「〜するとは、〜するなんて」
  例 How careless you are to make such a mistake!
    そんなミスをするなんて、あなたはなんて不注意なのだ。

★テーマ75、76で学んだ〈too+形容詞/副詞+to+動詞の原形〉や〈形容詞/副詞+enough+to+動詞の原形〉も、副詞用法に含まれます。

▶ そんなミスをするなんて、あなたはなんて不注意なのでしょう。

▶ この本は読みやすいです。

▶ この川は7月に泳ぐには危険です。

▶ 私の父は気難しいです。

make a mistake「誤りを犯す、ミスをする」 dangerous「危険な」 please「喜ばせる」

テーマ 78 現在分詞と過去分詞

第3節 分詞

基本文 78

Look at the walking dog.

歩いている犬を見なさい。

例文 78-1

We got up early in the morning to see the rising sun.

現在分詞risingが名詞sunを修飾。the rising sunは「昇ってきている太陽」→「日の出」。

例文 78-2

Fill this cup with boiling water.

現在分詞boilingが名詞waterを修飾。

例文 78-3

The police found the stolen car.

stealの過去分詞stolenが名詞carを修飾。the stolen carは「盗まれた車」→「盗難車」。

例文 78-4

The carpenter repaired the broken door.

breakの過去分詞brokenが名詞doorを修飾。

early「早く」 **rise**「上がる、昇る」 **sun**「太陽」 **fill**「満たす、いっぱいにする」

ポイントをおさえよう!!

1. 「現在分詞」と「過去分詞」を合わせて「分詞」といいます。
2. 現在分詞とは、動詞の -ing 形が【形容詞】の働きをすることをいいます。【名詞】の働きをするのは「動名詞」でしたね。(▶113ページ参照)。「現在進行形」(▶57ページ参照)でbe動詞の後に置かれていたのも「現在分詞」です。意味は「～している」です。「現在分詞」という名前ですが、現在のことを表しているわけではありません。
   例　a walking dog　歩いている犬
   　　※現在分詞 walkingが名詞 dogを修飾
3. 過去分詞とは、動詞の -ed形(ただし不規則活用あり。▶220、221ページ参照)が【形容詞】の働きをすることをいいます。意味は「～される[た]」という"受身"を表します。「過去分詞」という名前ですが、過去のことを表しているわけではありません。
   例　a broken window　割られた窓
   　　※過去分詞brokenが名詞windowを修飾

▶ 私たちは日の出を見るために早起きしました。

▶ このカップを沸騰しているお湯で満たしなさい。

▶ 警察は盗難車を発見しました。

▶ その大工は壊されたドアを修理しました。

---

boil「沸騰する」　**police**「警察」　**steal**「盗む」　**carpenter**「大工」

テーマ 79 後ろから前の名詞を修飾する分詞

第3節　分詞

基本文 79

Look at the girl running in the park.

公園で走っている女の子を見なさい。

例文 79-1

Who is the boy sitting on the sofa?

例文 79-2

The girl waving her hand on the ship is Layla.

例文 79-3

The fruits and vegetables sold at that supermarket are fresh.

例文 79-4

Please show me some pictures taken by your father.

---

sit「座る」　sofa「ソファ」　wave「(手を)振る」　ship「船」　fruit「果物」　picture「写真」

ポイントをおさえよう!!

❶ 現在分詞の意味は「〜している」、過去分詞の意味は「〜される[た]」でしたね。これらは名詞を修飾します。

例　a walking dog　　歩いている犬
　　a broken window　割られた窓

❷ 上の例は1語の分詞が名詞を前から修飾しています。これに対して、分詞がほかの語句と結びついてカタマリを作る場合は、名詞を後ろから修飾します。

例　a dog walking along the river　川沿いを歩いている犬
　　a window broken by the boy　　少年によって割られた窓

▶ ソファに座っている少年は誰ですか？

▶ 船の上で手を振っている女の子はレイラです。

▶ あのスーパーで売られている果物や野菜は新鮮です。

▶ あなたのお父さんによって撮影された写真を、何枚か見せてください。

---

vegetable「野菜」　**sell**「売る」　**supermarket**「スーパー（マーケット）」　**fresh**「新鮮な」

テーマ 80 分詞からできた形容詞

基本文 80

That new movie is exciting.

その新しい映画はわくわくする映画です。

例文 80-1

Foreign cultures are interesting to me.

interest「興味を引く」の-ing形。

例文 80-2

Henry told us some surprising news.

surprise「驚かせる」の-ing形。

例文 80-3

We were tired of Mr. Miller's long speech.

tire「退屈させる、うんざりさせる、疲れさせる」の-ed形。

例文 80-4

I was disappointed at my result on the exam.

disappoint「がっかりさせる」の-ed形。

---

movie「映画」　**excite**「わくわくさせる、興奮させる」　**culture**「文化」
result「結果」

ポイントをおさえよう!!

1. 現在分詞、過去分詞が変化して形容詞になったものがあります。形容詞なので、名詞を修飾したり、C(補語)になったりします。
2. このような形容詞は、"感情"を表す動詞の-ing形 / -ed形です。"感情"を表す動詞の例として、excite「わくわくさせる、興奮させる」で考えてみましょう。

   例1 *The baseball game* was exciting.
   　　その野球の試合はわくわくする試合でした。
   例2 *The boys* were excited to hear the story.
   　　少年たちはその物語を聞いてわくわくしました。

   ★-ing形は「感情を与える側」です。例1では、野球の試合が(観客などに)興奮を与えているので、excitingとなっています。
   ★-ed形は「感情を与えられる側」です。例2では、少年たちは物語に興奮を与えられているので、excitedとなっています。
   ★ふつう、-ing形(与える側)は"物事"で、-ed形(与えられる側)は"人間"です。例文の主語に注目しましょう。

▶ 外国文化は私にとって興味深いです。

▶ ヘンリーは私たちに驚くべきニュースを伝えました。

▶ 私たちはミラー氏の長いスピーチに退屈してしまいました。

▶ 私は試験の結果にがっかりしました。

---

tire「退屈させる」　long「長い」　speech「スピーチ」　disappoint「がっかりさせる」

テーマ81 関係代名詞 ❶

第4節 関係代名詞

基本文 81

The book that I read yesterday was interesting.

私が昨日読んだ本はおもしろかったです。

例文 81-1

The girl that you saw at the station is Grace.

> thatは関係代名詞で、who/whomでも可。

例文 81-2

Please show me some pictures which you took in Kyoto.

> whichは関係代名詞で、thatでも可。

例文 81-3

She is an actress who I like very much.

> whoは関係代名詞で、whom/thatでも可。

例文 81-4

The man whom Lillian met at the party was very handsome.

> whomは関係代名詞で、who/thatでも可。

---

actress「女優」 handsome「ハンサムな」

ポイントをおさえよう!!

❶ 〈that＋S＋V...〉のカタマリが前の名詞を修飾することがあります。このようなthatを「関係代名詞」といいます。

The book that I read yesterday was interesting.
　S　　　　　　　　　　　　　　V　　C

❷ 修飾される名詞が「物事」の場合は、thatの代わりにwhich、「人」の場合は、thatの代わりにwhoやwhomも使えます。

　　The book ［that　　I read yesterday］ was interesting.
＝ The book ［which I read yesterday］ was interesting.

　　The girl ［that　 you saw at the station］ is Grace.
＝ The girl ［who　 you saw at the station］ is Grace.
＝ The girl ［whom you saw at the station］ is Grace.

▶ あなたが駅で見かけた女の子はグレースです。

▶ あなたが京都で撮影した写真を何枚か見せてください。

▶ 彼女は私がとても気に入っている女優です。

▶ リリアンがパーティーで会った男性はとてもハンサムでした。

第4節　関係代名詞

テーマ 82 関係代名詞❷ ── 主格

基本文 82

This is a song that is popular among young people.

これは若者たちの間で人気のある歌です。

例文 82-1
Lily took care of the dog that was injured in the accident.

> thatは関係代名詞で、whichでも可(動物は"物"として扱う)。

例文 82-2
The boy that is standing at the school gate is Gabriel.

> thatは関係代名詞で、whoでも可。

例文 82-3
Have you been to that restaurant which opened last month?

> whichは関係代名詞で、thatでも可。

例文 82-4
Yesterday I met two men who work for the bank.

> whoは関係代名詞で、thatでも可。

---

among「〜の間で」　take care of〜「〜の世話をする」

ポイントをおさえよう!!

❶ 〈that＋S＋V...〉だけでなく、〈that＋V...〉のカタマリが前の名詞を修飾することもあります。このような that のことも「関係代名詞」といいます。

This is a song *that* is popular among young people.
　S　 V 　C

❷ 修飾される名詞が「物事」の場合は、that の代わりにwhich、「人」の場合は、that の代わりにwhoも使えます。

　　This is a song　[that　 is popular among young people.]
　=This is a song　[which is popular among young people.]

　　The boy　[that is standing at the school gate]　is Gabriel.
　=The boy　[who is standing at the school gate]　is Gabriel.

▶ リリーは事故でケガをした犬の世話をしました。

▶ 校門のところで立っている少年はガブリエルです。

▶ 先月開店したあのレストランに行ったことはありますか？

▶ 昨日、私はその銀行で働いている2人の男性に会いました。

---

injure「傷つける、ケガをさせる」　**stand**「立つ」　**bank**「銀行」

第4節 関係代名詞

テーマ 83 関係代名詞の省略

基本文 83

The cake your mother made is delicious.

あなたのお母さんが作ったケーキはおいしいです。

例文 83-1

This is a book I have read many times.

> bookの後に関係代名詞that[which]が省略されている。

例文 83-2

The people I met during the trip were kind to me.

> peopleの後に関係代名詞that[who / whom]が省略されている。

例文 83-3

What's the song you listen to every day?

> songの後に関係代名詞that[which]が省略されている。

例文 83-4

English is a language people all over the world speak.

> languageの後に関係代名詞that[which]が省略されている。

---

delicious「おいしい」

ポイントをおさえよう!!

❶ 〈that[which / who / whom]＋S＋V...〉のカタマリが前の名詞を修飾する場合、その関係代名詞 that [which / who / whom]は省略できます。
The cake　that　your mother made　is delicious.
　　　　　　↑　　　　S　　　　　V
　　　　省略可

❷ 〈that[which / who]＋V...〉のカタマリが前の名詞を修飾する場合、この関係代名詞 that [which / who]は省略できません。
This is a song　　that is popular among young people.
　　　　　　　　　↑ V
　　　　　　省略不可

❸ 関係代名詞の省略を発見する方法
文中で〈名詞＋S＋V〉の形を見つけたら、名詞の後に関係代名詞が省略されている場合が多いです。
The cake ★ your mother made　is delicious.
　名詞　↑　　　S　　　　V
　　that [which] 省略

▶ これは私が何回も読んだ本です。

▶ 私が旅行中に会った人々は、私に親切でした。

▶ あなたが毎日聴く歌はなんですか？

▶ 英語は世界中の人々が話す言語です。

listen to〜「〜を聴く」

第5節　間接疑問

テーマ 84　間接疑問❶

基本文 84

I don't know why he is angry.

なぜ彼が怒っているのかわかりません。

例文 84-1

Please tell me when you will come next.

疑問詞whenの後が平叙文の語順。

例文 84-2

Jayden asked me what I wanted.

疑問詞whatの後が平叙文の語順。

例文 84-3

Do you know what time the train will leave?

疑問詞what time(2語でセット)の後が平叙文の語順。

例文 84-4

I have no idea how I can solve this problem.

疑問詞howの後が平叙文の語順。

---

want「ほしい」　***have* no idea**「わからない」

第3章 中 3 編

ポイントをおさえよう!!

❶ 疑問詞（what / who / where / when など）を使う疑問文では、疑問詞の後には疑問文の形が続きます。
　例　Why is he angry?　なぜ彼は怒っているのですか？
　　　疑問詞　↑
　　　　　　Is he angry?　彼は怒っているのですか？
　　　　　（ふつうの疑問文）

❷ 疑問詞から始まるカタマリが文の一部になることがあります。これを「間接疑問」といい、疑問詞の後は平叙文（＝肯定文・否定文）の語順になります。
　例　I don't know.　＋　Why is he angry?
　　　わかりません。　　　なぜ彼は怒っているのですか？
　➡　I don't know why he is angry.
　　　なぜ彼が怒っているのかわかりません。
　　　×I don't know why is he angry.
　★このような疑問詞から始まるカタマリは、文の中で名詞の働き（S・O・C）をします。

▶ あなたが次にいつ来るか、私に教えてください。

▶ ジェイデンは私に何がほしいかと尋ねました。

▶ 何時に電車が出るか知っていますか？

▶ どうやったらこの問題が解けるのかわかりません。

第5節

第5節　間接疑問

テーマ 85 間接疑問❷

基本文 85

I don't know what is in this box.

この箱の中に何があるかわかりません。

例文 85-1　**Tell me who broke this window.**

> 疑問詞whoがもともと主語の働き。

例文 85-2　**Do you know which train goes to the airport?**

> 疑問詞which train（2語でセット）がもともと主語の働き。

例文 85-3　**Please tell me whether you like this book.**

> whetherの代わりにifも可（Oなので）。

例文 85-4　**The question is whether it is true.**

> whetherの代わりにifは不可（Cなので）。

box「箱」　**airport**「空港」　**whether**「…かどうか」　**true**「真実の」

ポイントをおさえよう!!

❶ who「誰が…か」/ what「何が…か」/ which「どちらが…か」など、疑問詞が主語の働きをする場合(▶33、43ページ参照)、間接疑問になっても語順の変化はありません。

例 I don't know. ＋ *What is* in this box.
　　わかりません。　　この箱の中に何がありますか？
➡ I don't know what is in this box.
　　この箱の中に何があるかわかりません。

❷ 疑問詞がない文の場合、接続詞whether「…かどうか」を使います。

例 Please tell me. ＋ Do you like this book?
　　教えてください。　　この本は好きですか？
➡ Please tell me whether you like this book.
　　この本が好きかどうか、教えてください。

★whetherの代わりにifを使える場合もあります。ifにも「…かどうか」の意味があります。ただし、ifから始まるカタマリはOになれますが、SやCにはなれません。

▶ 誰がこの窓を割ったのか、私に言いなさい。

▶ どちらの電車が空港まで行くか、わかりますか？

▶ あなたがこの本を好きかどうか、教えてください。

▶ 問題は、それが本当かどうかだ。

テーマ 86 間接疑問❸

第5節　間接疑問

基本文 86

When do you think this game will end?

この試合はいつ終わると思いますか？

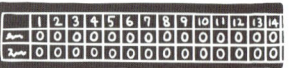

例文 86-1
Where do you think Jack lives?

例文 86-2
What sports do you think I like?

例文 86-3
Which team do they believe will win the game?

> which teamがもともと主語の働きなので、do they believeの後にはS+VではなくVのみが続く。

例文 86-4
What time did Lucas say he would arrive?

> 過去の時点から見た未来（予定）は、助動詞willの過去形wouldで表す。

arrive「到着する」

ポイントをおさえよう!!

間接疑問を含む疑問文で、Yes / Noで答えられない場合、疑問詞が文頭に移動します。

例1　Do you know?　＋　Where does Jack live?
　➡ Do you know where *Jack lives*?
　　ジャックがどこに住んでいるか知っていますか？
　＊Yes / Noで答えることができる。

2　Do you think?　＋　Where does Jack live?
　➡ ×　Do you think where *Jack lives*?

　　○　Where do you think *Jack lives*?
　　ジャックはどこに住んでいると思いますか？
　＊Yes / Noで答えることができない。
★thinkのほか、believeやsayでも同様です。

▶ ジャックはどこに住んでいると思いますか？

▶ 私は何のスポーツが好きだと思いますか？

▶ 彼らはどちらのチームが勝つと信じていますか？

▶ ルーカスは何時に到着する予定だと言っていましたか？

テーマ 87 付加疑問 ①

第6節　付加疑問

基本文 87

You are a high school student, aren't you?

あなたは高校生ですね。

例文 87-1

Your father gave up smoking, didn't he?

> もともとの文が肯定文なので、付加疑問は否定形。

例文 87-2

Mr. Wilson can't speak Japanese well, can he?

> もともとの文が否定文なので、付加疑問は肯定形。

例文 87-3

You have a nice guitar, don't you?

> もともとの文が肯定文なので、付加疑問は否定形。このhaveは一般動詞なので、haven't you?としないよう注意。

例文 87-4

You haven't finished your homework, have you?

> もともとの文が否定文なので、付加疑問は肯定形。

---

high school「高校」　**give up**「やめる」　**nice**「すてきな、よい」

ポイントをおさえよう!!

❶ 「…ですよね」「…しますよね」と、確認するような意味を表すとき、文末にaren't you? や is he? などをつけます。これを「付加疑問」といいます。

❷ 付加疑問のつけ方は次のとおりです。
　1　もともとの文が肯定文なら否定形、否定文なら肯定形
　2　〈do[does / did]・be動詞・助動詞・have[has]（の否定形）＋主語？〉のパターン
　※There is[are]...の文では、Thereは主語ではないが、thereが文末に置かれます。
　3　もともとの文のVによって、付加疑問の形も異なります。

　　一般動詞　　　➡　do[does / did]（の肯定形 / 否定形）
　　現在完了形　　➡　have[has]（の肯定形 / 否定形）
　　be動詞　　　　➡　be動詞（の肯定形 / 否定形）
　　助動詞＋原形　➡　助動詞（の肯定形 / 否定形）

▶ あなたのお父さんはタバコを吸うのをやめたんですね。

▶ ウィルソン氏は日本語を上手に話せませんね。

▶ あなたはすてきなギターを持っていますね。

▶ あなたはまだ宿題が終わっていませんね。

テーマ 88 付加疑問❷

第6節 付加疑問

基本文 88

Wait a minute, will you?

少々お待ちくださいね。

例文 88-1

Let's eat out tonight, shall we?

例文 88-2

Don't smoke here, will you?

例文 88-3

There is a diamond in the case, isn't there?

> もともとの文が肯定文なので、付加疑問は否定形。

例文 88-4

There aren't any guests in the room, are there?

> もともとの文が否定文なので、付加疑問は肯定形。

---

wait「待つ」 **a minute**「ちょっと(の時間)」 **diamond**「ダイヤモンド」

ポイントをおさえよう!!

特別な付加疑問として、以下のものを知っておきましょう。
1. 命令文〜, will [won't] you?「〜してくださいね」
   ★ていねいなお願いを表します。
   ★否定の命令文の場合は、〈〜, will you?〉を使います。
2. Let's〜, shall we?「〜しましょうね」

▶ 今夜は外食しましょうね。

▶ こちらではタバコは吸わないでくださいね。

▶ ケースの中にはダイヤモンドが入っているのですね。

▶ その部屋にはお客様は一人もいないのですね。

---

case「ケース、容器」 **guest**「客」

第7節　感嘆文

テーマ89 感嘆文❶

基本文89

How beautiful Mt. Fuji is!

富士山はなんと美しいのでしょう！

例文89-1

How fast Bolt runs!

> Bolt runs very fast.「ボルトはとても速く走ります」の感嘆文。

例文89-2

How cold it is in Hokkaido!

> It is very cold in Hokkaido.「北海道はとても寒いです」の感嘆文。itは寒暖・天候などを表す。

例文89-3

How pleased he was to see his grandchildren!

> He was very pleased to see his grandchildren.「彼は孫たちに会えてとても喜びました」の感嘆文。

例文89-4

How beautiful!

> 感嘆文ではS+Vが省略されることがある。

---

beautiful「美しい」　**cold**「寒い」　**pleased**「喜んで」　**see**「会う」　**grandchild**「孫」

ポイントをおさえよう!!

① 「なんと…なのだろう！」と、驚きや感動などを表す文を「感嘆文」といいます。

② 感嘆文はhowまたはwhatから文を始めます。howを使う感嘆文の作り方は次のとおりです。

  例　Mt. Fuji is very beautiful.　富士山はとても美しいです。

  1　veryを how に変える
  ⬇　Mt. Fuji is how beautiful.
  2　〈how＋形容詞/副詞〉をセットで文頭に移動する
  ⬇　How beautiful Mt. Fuji is.
  3　文末の「.」を「！」に変える
  　　How beautiful Mt. Fuji is!

▶ ボルトはなんと速く走るのでしょう！

▶ 北海道はなんと寒いのでしょう！

▶ 彼は孫たちに会えてなんと喜んだことでしょう！

▶ なんと美しいのでしょう！

テーマ 90 感嘆文❷

第7節　感嘆文

基本文 90

What a beautiful mountain Mt. Fuji is!

富士山はなんと美しい山なのでしょう！

例文 90-1

What an interesting story this is!

> This is a very interesting story.「これはとてもおもしろい話です」の感嘆文。

例文 90-2

What interesting stories these are!

> These are very interesting stories.「これらはとてもおもしろい話です」の感嘆文。

例文 90-3

What a genius you are!

> 形容詞がない場合もある。

例文 90-4

What a beautiful sunset!

> S+Vが省略されることもある。

---

sunset「夕日、日没」

ポイントをおさえよう!!

whatを使う感嘆文の作り方は次のとおりです。

例　Mt. Fuji is a very beautiful mountain.　富士山はとても美しい山です。
1　veryをwhatに変える
↓　Mt. Fuji is a what beautiful mountain.
2　whatをaの前に移動する
↓　Mt. Fuji is what a beautiful mountain.
※複数形などでaがない場合はそのまま。
3　〈What(＋a)＋形容詞＋名詞〉をセットで文頭に移動する
↓　What a beautiful mountain Mt. Fuji is.
4　文末の「.」を「！」に変える
　　What a beautiful moutain Mt. Fuji is!

★howとwhatの使い分けは、veryよりも後に名詞があるかどうかです。
★whatの感嘆文では、形容詞がない場合もあります。

▶これはなんとおもしろい話なのでしょう！

▶これらはなんとおもしろい話なのでしょう！

▶あなたはなんという天才なのでしょう！

▶なんと美しい夕日なのでしょう！

テーマ 91 使役動詞

基本文 91

Our teacher made me go home.

先生は私を帰宅させました。

例文 91-1 Audrey had her husband repair the front door.

例文 91-2 Camila's parents finally let her go to Canada alone.

例文 91-3 Carter's joke made his classmates laugh.

例文 91-4 Please let me know your address.

---

go home「帰宅する」 **front door**「玄関(のドア)」 **finally**「とうとう、ついに」

ポイントをおさえよう!!

〈V+O+動詞の原形〉のパターンで、「Oに〜させる」の意味を表す動詞を「使役動詞」といいます。使役動詞には以下の3つがあります。

1　make+O+動詞の原形：Oに〜させる【強制】
2　have+O+動詞の原形：Oに〜してもらう【依頼】
3　let+O+動詞の原形：Oに〜させてやる【許可】

★〈make+O+動詞の原形〉は、"物事"が主語の場合、【強制】の意味ではなく、【因果関係】を表します。

例　Carter's joke made his classmates laugh.
　　カーターの冗談　➡　クラスメートが笑った
　　　《原因》　　　　　　　《結果》

★〈let+O+know+物事〉は「Oに物事を知らせる」(≒tell+O+物事)の意味で、命令文で使うことが多い表現です。

▶ オードリーは夫に玄関のドアを修理してもらいました。

▶ カミラの両親は、ついに彼女をひとりでカナダに行かせてやりました。

▶ カーターの冗談のせいでクラスメートは笑いました。

▶ あなたの住所をお知らせください。

---

alone「ひとりで」　**joke**「ジョーク、冗談」　**laugh**「笑う」　**address**「住所」

テーマ 92 知覚動詞

基本文 92

I saw Anna cross the street.

私はアンナが通りを渡るのを見ました。

例文 92-1
I have never heard you sing.

例文 92-2
I felt something move under the chair.

例文 92-3
Emily saw her boyfriend talking to another girl.

「一瞬だけ見た」という意味になる。

例文 92-4
Did you hear your name called?

calledは過去分詞なので"受け身"の意味を表す。

see「見る」 cross「横切る、渡る」 street「通り、道」 feel「感じる」

ポイントをおさえよう!!

〈V＋O＋動詞の原形〉のパターンで、「Oが〜するのを見る/聞く/感じる」など、感覚を表す動詞を「知覚動詞」といいます。知覚動詞はいくつかありますが、以下の3つを覚えましょう。

1 see＋O＋動詞の原形：Oが〜するのを見る
2 hear＋O＋動詞の原形：Oが〜するのを聞く
3 feel＋O＋動詞の原形：Oが〜するのを感じる

★「動詞の原形」の部分を現在分詞(-ing形)にすると、「Oが〜しているのを見る/聞く/感じる」の意味になります。原形の場合と違うのは、"一瞬だけ見たり聞いたりする"という点です。

例　I saw Anna crossing the street.
　　私はアンナが通りを渡っているのを(一瞬だけ)見た。

例　I saw Anna cross the street.
　　私はアンナが通りを渡るのを(最初から最後まで)見た。

★「動詞の原形」の部分を過去分詞にすると、「Oが〜されるのを見る/聞く/感じる」という"受身"の意味になります。

テーマ 92

▶ 私はあなたが歌うのを聴いたことがありません。

▶ 私は何かがイスの下で動くのを感じました。

▶ エミリーはボーイフレンドがほかの女の子に話しかけているのを見ました。

▶ あなたは自分の名前が呼ばれるのが聞こえましたか？

---

something「何か」　move「動く」　another「ほかの」

93 V+O+分詞

基本文 93

I had my bike stolen yesterday.

私は昨日自転車を盗まれました。

例文 93-1 Chloe had her hair cut the day before yesterday.

> cutは原形ではなく過去分詞。

例文 93-2 I'm sorry that I have kept you waiting.

例文 93-3 Someone must have left the water running.

> runは「流れる」の意味。

例文 93-4 I found a stranger standing by my bed.

---

bike「自転車」 run「流れる」 find「気づく」 stranger「見知らぬ人」

ポイントをおさえよう!!

〈V＋O＋分詞（現在分詞・過去分詞）〉のパターンで、重要な表現をまとめます。

1. have＋O＋過去分詞
   Oを〜される［してもらう］
2. keep＋O＋現在分詞/過去分詞
   Oを〜している/されたままにしておく【維持】
3. leave＋O＋現在分詞/過去分詞
   Oを〜している/されたままにしておく【放置】
4. find＋O＋現在分詞/過去分詞
   Oが〜している/されたのに気づく

▶ クロエは一昨日、髪の毛を切ってもらいました。

▶ お待たせしてごめんなさい（←あなたを待っているままにしたことを申し訳なく思っています）。

▶ 誰かが水を流しっぱなしにしたに違いない（←誰かが水を流れているままにしておいたに違いない）。

▶ 私は見知らぬ人がベッドのそばに立っているのに気づきました。

by「〜のそばに」

テーマ 94 分詞構文

基本文 94

Walking along the street, I met my friend.

道を歩いているときに、私は友人に会いました。

例文 94-1 Turning to the right, you will find the building.

例文 94-2 Written in easy English, this book is good for beginners.

例文 94-3 Taking off his hat, Tom entered the room.

例文 94-4 Asked a very difficult question, I couldn't answer.

---

turn「曲がる」 **right**「右」 **beginner**「初心者」

ポイントをおさえよう!!

① 分詞が副詞の働き（＝名詞以外を修飾）することを「分詞構文」と呼びます。

例　Walking along the street, I met my friend.

　　　　　　　　　　　動詞metを修飾

② 分詞構文には、「〜するときに」「〜するので」「〜しながら」「〜すれば」「〜して」などの意味があります。

③ 現在分詞を使うか、過去分詞を使うかは、文の主語を基準に判断します。

例　(　　) in easy English, this book is good for beginners.
　＊空所に入るのはWriting（現在分詞）かWritten（過去分詞）か？
　➡「本」は「書いている」のか「書かれる」のか？
　➡「書かれる」のだから、"受身"を表す過去分詞！

テーマ 94

▶ 右に曲がれば、その建物が見つかるでしょう。

▶ やさしい英語で書かれているので、この本は初心者にいいです。

▶ 帽子を脱ぎながら、トムは部屋に入ってきました。

▶ とても難しい問題を尋ねられたので、私は答えられませんでした。

テーマ 95 現在完了進行形

基本文 95

It has been snowing since last night.

昨夜からずっと雪が降っています。

例文 95-1

My father has been repairing the broken lock since this morning.

例文 95-2

How long have you been studying English?

例文 95-3

Mr. Yamamoto has been teaching at this school for ten years.

例文 95-4

I've been waiting for an hour, but he hasn't come yet.

---

lock「錠、カギ」

ポイントをおさえよう!!

1. まず、復習です。〈主語＋have[has]＋過去分詞...〉の形を「現在完了形」といい、【完了】【経験】【継続】といった意味を表すことを勉強しました（▶149ページ）。
2. 実は、「現在完了形」で【継続】を表す用法は、「状態の継続」に限られます。「動作の継続」は表せません。
3. 「(現在までの)動作の継続」を表すには、〈主語＋have[has]＋been＋動詞の -ing形...〉の形を使います。これを「現在完了進行形」といいます。

例　She has lived in Tokyo for five years.
　　彼女は東京に5年間(ずっと)住んでいます。
　　(現在完了形 ➡ 状態の継続)
　　She has been walking her dog for two hours.
　　彼女は2時間(ずっと)犬を散歩させています。
　　(現在完了進行形 ➡ 動作の継続)

▶ 私の父は今朝からずっと壊れたカギの修理をしています。

▶ あなたはどれぐらいの間英語を勉強しているのですか？

▶ 山本先生はこの学校で10年間教えています。

▶ 私は1時間待っているのですが、まだ彼は来ません。

テーマ 96 過去完了形

基本文 96

The rain had already stopped when I got home.

私が家に着いたときには、雨はすでにやんでいました。

例文 96-1
I had just finished my homework when you phoned me.
【(過去の時点までの)完了】を表す。

例文 96-2
Isaac had never been to a hot spring before he came to Japan.
【(過去の時点までの)経験】を表す。

例文 96-3
My uncle had been in Moscow for ten years when the war broke out.
【(過去の時点までの)継続】を表す。

例文 96-4
I lost the watch that I had bought the day before.
【過去から見てさらに前のこと】を表す。

phone「電話する」 hot spring「温泉」 war「戦争」 break out「勃発する」

ポイントをおさえよう!!

❶ 現在完了形〈主語＋have[has]＋過去分詞...〉は【(現在までの)完了・経験・継続】を表しました。

❷ これに対して、【(過去の時点までの)完了・経験・継続】を表したいときは、〈主語＋had＋過去分詞...〉の形を使います。これを「過去完了形」といいます。

例　I have never seen him.
　　私は彼に会ったことがありません。
　　(現在完了形 ➡ 現在までの経験)
　　I had never seen him until then.
　　私はその時まで彼に会ったことがありませんでした。
　　(過去完了形 ➡ 過去の時点までの経験)

★過去から見てさらに前のことも〈主語＋had＋過去分詞...〉で表します。

例　I *lost* the watch that I *had bought* the day before.
　　私は前の日に買ったばかりの時計をなくしました。

▶ あなたが電話をくれたとき、私はちょうど宿題を終えたところでした。

▶ アイザックは、日本に来るまで温泉に行ったことがありませんでした。

▶ 私の叔父は、戦争が起こった時点で10年間モスクワにいました。

▶ 私は前の日に買ったばかりの時計をなくしました。

---

lose「なくす」　**the day before**「前日」

テーマ 97 前置詞＋関係代名詞

基本文 97

This is the house in which I lived when I was young.

これは私が若いころに住んでいた家です。

例文 97-1

This is the knife with which she cut the meat.

> withは"道具"を表す前置詞。

例文 97-2

I visited the village in which my mother was born.

例文 97-3

Mr. Sasaki was liked by the people with whom he worked.

例文 97-4

Einstein was a great scientist about whom many books have been written.

knife「ナイフ」 cut「切る」 meat「肉」 village「村」 *be* born「生まれる」

ポイントをおさえよう!!

❶ 「これは私が住んでいた家です」は、英語では
This is the house which[that] I lived in. となります。これは、
This is the house.＋ I lived in it(=the house).を1つにまとめたものと考えればいいでしょう。なお、このwhich[that]は省略できます。

❷ 上の例で、文末にあった前置詞inを関係代名詞の前に移動し、
This is the house in which I lived.とすることができます。この場合はthatは使えず、whichのみ可。省略不可です。

❸ 「彼は私が話題にしていた男性です」は、
1　He is the man who[whom / that] I spoke about.
2　He is the man about whom I spoke.
となります。2の場合、whomのみ可。省略不可です。

▶ これは彼女が肉を切るのに使ったナイフです。

▶ 私は母が生まれた村を訪れました。

▶ 佐々木さんはいっしょに働いていた人たちから好かれていました。

▶ アインシュタインは、彼について多くの本が書かれてきた、偉大な科学者でした。

---

great「偉大な、すばらしい」　**scientist**「科学者」

98 関係代名詞whose

基本文 98

I have a friend whose father is a singer.

私にはお父さんが歌手である友だちがいます。

例文 98-1
Mr. Murakami is a novelist whose books are very popular.

例文 98-2
Ms. Yoshida has a daughter whose name is Reina.

例文 98-3
That house whose roof is red is my cousin's.

例文 98-4
There are some words whose meanings I don't know.

singer「歌手」 novelist「小説家」 roof「屋根」 red「赤い」 cousin「いとこ」

ポイントをおさえよう!!

❶ 「高価な車を持っている友人がいます」を英語にしてみましょう。
I have a friend who[that] has an expensive car.
(← I have a friend. + He[She] has an expensive car.)
これでもよいのですが、
I have a friend whose car is expensive. とすることもできます。
これは、I have a friend.＋His[Her] / car is expensive.を1つの文にまとめたものと考えられます。his[her] が所有格の代名詞で、それを関係代名詞にしたのがwhoseです。

❷ whoseの特徴は次のとおりです。
   1 前の修飾される名詞が「人間」でも「物事」でも使える
   2 省略はできない
   3 必ず直後の名詞(a や the がつかない)とセットで使う

▶ 村上氏は著書がとても人気のある小説家です。

▶ 吉田さんにはレイナという名前の娘がいます。

▶ 屋根が赤いあの家は、私のいとこの家です。

▶ 私が意味を知らない単語がいくつかあります。

テーマ 99 カンマ＋関係代名詞

基本文 99

He has two sons, who are doctors.

彼には息子が2人いて、その2人は医者です。

例文 99-1

Mr. Davis was born in New York, which he likes very much.

> 固有名詞（人名・地名など）の後に関係代名詞を続ける場合、カンマがつきます。

例文 99-2

He is a famous writer, whose books are popular among young people.

例文 99-3

I will introduce you to Natalie, whom I have known for five years.

例文 99-4

My best friend told me a lie, which was a great shock to me.

> 〈~, which...〉はカンマより前の内容全体を指すことがある。

---

writer「作家」　introduce「紹介する」

ポイントをおさえよう!!

関係代名詞の前に「,」(カンマ)がつくと、カンマの前にある名詞について、説明を加える働きをします。

例　He has two sons, who are doctors.

　　彼には息子が2人いて、その2人は医者です。

　　➡ 彼には息子が2人しかいないことになります。

★比較：カンマがない場合

　　He has two sons who are doctors.

　　彼には医者をしている息子が2人います。

　　➡ 「医者をしている息子」は2人ですが、そのほかに「学生の息子」「サラリーマンの息子」などがいる可能性があります。つまり、息子の数は2人より多い場合があります。

★関係代名詞の that には、この用法がありません。

▶ デービス氏はニューヨーク生まれで、ニューヨークが大好きです。

▶ 彼は有名な作家で、著書が若者に人気です。

▶ 私はあなたをナタリーに紹介するつもりです。彼女とは5年前から知り合いです。

▶ 私のいちばんの親友が私に嘘をつきました。そのことが私にとって大きなショックでした。

---

lie「嘘」　great「大きな、重大な」　shock「ショック、衝撃」

テーマ 100 さまざまな比較表現

基本文 100

This computer is much more expensive than that one.

このコンピュータはあのコンピュータよりずっと高価です。

例文 100-1

America is about twenty-five times as large as Japan.

例文 100-2

You have more than twice as many books as I have.

> more than〜は「〜より多く、〜以上」。

例文 100-3

No other mountain in Japan is as high as Mt. Fuji.

> Mt. Fuji is the highest mountain in Japan.と同じ内容。

例文 100-4

Mt. Fuji is higher than any other mountain in Japan.

> Mt. Fuji is the highest mountain in Japan.と同じ内容。

ポイントをおさえよう!!

比較は116〜123ページで勉強しましたが、そのほかにも、さまざまな表現があります。

1. much＋比較級＋than〜「〜よりずっと…、〜よりはるかに…」
   ➡ 比較級を強調する言い方。
2. 数字 times＋as＋原級＋as〜「〜の…数字倍…」
   ➡ 倍数を表す言い方。「2倍」はtwo timesの代わりにtwiceを使うのがふつう。
3. No (other)＋名詞＋as[so]＋原級＋as〜 /
   No (other)＋名詞＋比較級＋than〜「〜ほど…な名詞はない」
   ➡ 最上級と同様の内容を表す。
4. 比較級＋than＋any (other)＋名詞「ほかのどの名詞より…」
   ➡ 最上級と同様の内容を表す。

▶ アメリカは日本の約25倍の大きさです。

▶ あなたは私の2倍以上の本を持っています。

▶ 日本のどの山も富士山ほど高くありません。

▶ 富士山は日本のどの山よりも高いです。

現在完了形は
現在形の一種？

　現在完了形（have[has]＋過去分詞）はどのようなイメージで理解していますか？「もう〜した」「〜したことがある」などの意味を持つので、"過去形"に近いイメージを持っているのではないでしょうか？

　でも、"現在完了形"という名前からもわかるように、これは現在形の一種です。「一種」というのがわかりにくければ、こう考えましょう。

　"（ふつうの）現在形""現在進行形""現在完了形"は〈現在チーム〉のメンバーです。
　これに対して、"（ふつうの）過去形""過去進行形""過去完了形（※高校で勉強します）"は〈過去チーム〉のメンバーです。

　たとえば、「私は財布をなくしました」というとき、過去形でI lost my wallet. といえば、単に「過去に財布をなくした」という意味です（その後、見つかったかもしれません）。
　これに対して、現在完了形でI have lost my wallet. といえば、「なくしたのは過去だが、その"なくした状態"が今でも続いていて、影響が残っている」という内容を表すことになります。
　同様に、過去形でHe went to Osaka. といえば、単に「過去に大阪に行った」という事実を表すだけですが、現在完了形でHe has gone to Osaka. といえば「大阪に行ってしまったから今はここにいない」という意味になります。

　どうでしょう。「現在完了形は現在形の一種」というのが、感覚的に理解できましたか？

　そこで、重要なルールがあります。

現在完了形の重要なルール

現在完了形は、過去の時点を表す語句とともに使うことはできない

ここまでの説明が理解できていれば、「当然でしょ」と思えますね。過去の時点を表す語句があれば、当然"過去形"を使うのです。

最後に、"過去の時点を表す語句"の例を挙げておきます。いずれも、現在完了形とともに使えません。

現在完了形といっしょに使えない語句

- *yesterday*「昨日」/ *last year*「昨年」 など
  ※*since yesterday*［*last year*］「昨日［昨年］以来」ならば現在完了形OKです。
- *~ years ago*「~年前に」/ *ten years ago*「10年前」などの過去の時点を表す語句
- *when I was young*「私が若いころ」
- *just now*「ついさっき」
  ※これは要注意。*just*や*now*は現在完了形OKなんですけどね。
- *When...?*「いつ…か？」/ *What time...?*「何時に…か？」
  ※これらも過去の時点を尋ねていることになるので、現在完了形では使用不可です。

人称代名詞

			主格 「〜は、〜が」	所有格 「〜の」	目的格 「〜を、〜に」	所有代名詞 「〜のもの」
1人称	単数	私	I	my	me	mine
	複数	私たち	we	our	us	ours
2人称	単数	あなた	you	your	you	yours
	複数	あなたたち	you	your	you	yours
3人称	単数	彼	he	his	him	his
		彼女	she	her	her	hers
		それ	it	its	it	—
	複数	彼ら・彼女たち・それら	they	their	them	theirs

3単現の-sのつけ方

❶	-o / -s / -x / ch / sh で終わる動詞 ➡ -es をつける	go→goes / pass→passes / fix→fixes / touch→touches / wash→washes
❷	〈子音字＋-y〉で終わる動詞 ➡ y を i に変えて -es をつける	study→studies / cry→cries / try→tries
	※ 〈母音字＋-y〉で終わる動詞 ➡ -s をつける（❸に分類される）	play→plays / stay→stays
❸	その他 ➡ -s をつける	sing→sings / like→likes / stop→stops
❹	例外（不規則変化）	have→has

-ingのつけ方

❶	-eで終わる動詞 ➡ -e をとって-ingをつける	come→coming / make→making / write→writing
❷	〈(強く読む)母音字＋子音字〉で終わる動詞 ➡ **子音字を重ねて-ingをつける**	put→putting / cut→cutting / stop→stopping / plan→planning
	※ 母音字を強く読まない場合は、子音字を重ねずに-ingをつける	visit→visiting（× visitting）
❸	-ieで終わる動詞 ➡ ie を y に変えて-ing をつける	die→dying / lie→lying / tie→tying
❹	その他➡ -ingをつける	sing→singing / go→going

-edのつけ方（規則変化の場合）

❶	-eで終わる動詞 ➡ -d をつける	like→liked / use→used / live→lived
❷	〈(強く読む)母音字＋子音字〉で終わる動詞 ➡ **子音字を重ねて-edをつける**	stop→stopped / plan→planned
	※ 母音字を強く読まない場合は、子音字を重ねずに-edをつける	visit→visited（× visitted）
❸	〈子音字＋-y〉で終わる動詞 ➡ y を i に変えて-edをつける	study→studied / try→tried
❹	その他➡ -edをつける	play→played / help→helped

不規則動詞の変化

意味	原形	過去形	過去分詞形
～である	be [→is/are/am]	was/were	been
～になる	become	became	become
始める	begin	began	begun
こわす	break	broke	broken
持ってくる	bring	brought	brought
建てる	build	built	built
買う	buy	bought	bought
つかまえる	catch	caught	caught
選ぶ	choose	chose	chosen
切る	cut	cut	cut
する	do	did	done
描く	draw	drew	drawn
飲む	drink	drank	drunk
運転する	drive	drove	driven
食べる	eat	ate	eaten
落ちる	fall	fell	fallen
感じる	feel	felt	felt
見つける	find	found	found
飛ぶ	fly	flew	flown
忘れる	forget	forgot	forgot [forgotten]
手に入れる	get	got	got [gotten]
与える	give	gave	given
行く	go	went	gone
育つ	grow	grew	grown
持っている	have	had	had
聞こえる	hear	heard	heard
たたく	hit	hit	hit
持つ	hold	held	held
傷つける	hurt	hurt	hurt
保つ	keep	kept	kept

知っている	know	knew	known
出発する	leave	left	left
貸す	lend	lent	lent
失う	lose	lost	lost
作る	make	made	made
意味する	mean	meant	meant
会う	meet	met	met
間違える	mistake	mistook	mistaken
置く	put	put	put
読む	read	read	read
乗る	ride	rode	ridden
鳴る	ring	rang	rung
走る	run	ran	run
言う	say	said	said
見える	see	saw	seen
売る	sell	sold	sold
送る	send	sent	sent
見せる	show	showed	shown [showed]
歌う	sing	sang	sung
座る	sit	sat	sat
眠る	sleep	slept	slept
話す	speak	spoke	spoken
過ごす	spend	spent	spent
立つ	stand	stood	stood
泳ぐ	swim	swam	swum
連れて行く	take	took	taken
教える	teach	taught	taught
話す	tell	told	told
考える	think	thought	thought
理解する	understand	understood	understood
着ている	wear	wore	worn
勝つ	win	won	won
書く	write	wrote	written

比較級と最上級

❶	-eで終わる語 ➡ -r/-stをつける	large - larger - largest cute - cuter - cutest
❷	〈短母音＋子音字〉で終わる語 ➡ 子音字を重ねて-er/-est をつける	hot - hotter - hottest big - bigger - biggest
❸	〈子音字＋-y〉で終わる語 ➡ y を i に変えて-er/-est をつける	easy - easier - easiest pretty - prettier - prettiest
❹	スペルが長い語※ ➡ 前にmore/mostをつける	beautiful - more beautiful - most beautiful easily - more easily - most easily
❺	不規則変化	good/well - better - best bad - worse - worst many/much - more - most
❻	その他 ➡ -er/-estをつける	high - higher - highest tall - taller - tallest

※beautiful / wonderful / interesting / exciting / difficult / important / popular / famousなどの形容詞と、-lyのつく副詞（slowly / carefully / easily / kindlyなど）

曜日と月

月曜日	Monday	1月	January	7月	July
火曜日	Tuesday	2月	February	8月	August
水曜日	Wednesday	3月	March	9月	September
木曜日	Thursday				
金曜日	Friday	4月	April	10月	October
土曜日	Saturday	5月	May	11月	November
日曜日	Sunday	6月	June	12月	December

数字

	ふつうの数	～番目(の)		ふつうの数	～番目(の)
1	one	first	30	thirty	thirtieth
2	two	second	40	forty	fortieth
3	three	third	50	fifty	fiftieth
4	four	fourth	60	sixty	sixtieth
5	five	fifth	70	seventy	seventieth
6	six	sixth	80	eighty	eightieth
7	seven	seventh	90	ninety	ninetieth
8	eight	eighth	100	one hundred	one hundredth
9	nine	ninth	150	one hundred (and) fifty	one hundred (and) fiftieth
10	ten	tenth			
11	eleven	eleventh	1000	one thousand	one thousandth
12	twelve	twelfth	10000 (1万)	ten thousand	ten thousandth
13	thirteen	thirteenth			
14	fourteen	fourteenth	100000 (10万)	one hundred thousand	one hundred thousandth
15	fifteen	fifteenth			
16	sixteen	sixteenth	1000000 (100万)	one million	one millionth
17	seventeen	seventeenth			
18	eighteen	eighteenth	10000000 (1000万)	ten million	ten millionth
19	nineteen	nineteenth			
20	twenty	twentieth	100000000 (1億)	one hundred million	one hundred millionth
21	twenty-one	twenty-first			
⋮			1000000000 (10億)	one billion	one billionth

〔著者紹介〕

三浦　淳一（みうら　じゅんいち）
大学時代から塾・予備校の教壇に立ち、高校受験および大学受験指導を行なう。現在は複数の予備校、首都圏の中高一貫校で教鞭をとりながら、N予備校や学びエイドなどで映像授業も配信している。
著書に『大学入試　全レベル問題集　英語長文①〜⑥』『入門英語長文問題精講』『医学部の英語』(以上、旺文社)、『センター試験　英語[語句整序]を10時間で攻略する本』(KADOKAWA)ほか多数。

世界一覚えやすい　中学英語の基本文例100　(検印省略)

2016年2月12日　第1刷発行
2025年3月20日　第7刷発行

著　者　三浦　淳一（みうら　じゅんいち）
発行者　山下　直久

発　行　株式会社KADOKAWA
　　　　〒102-8177　東京都千代田区富士見2-13-3
　　　　電話　0570-002-301（ナビダイヤル）

●お問い合わせ
https://www.kadokawa.co.jp/（「お問い合わせ」へお進みください）
※内容によっては、お答えできない場合があります。
※サポートは日本国内のみとさせていただきます。
※Japanese text only

定価はカバーに表示してあります。

DTP／ニッタプリントサービス　印刷／加藤文明社　製本／鶴亀製本

©2016 Junichi Miura, Printed in Japan.
ISBN978-4-04-601079-7　C6082

本書の無断複製（コピー、スキャン、デジタル化等）並びに無断複製物の譲渡及び配信は、著作権法上での例外を除き禁じられています。また、本書を代行業者などの第三者に依頼して複製する行為は、たとえ個人や家庭内での利用であっても一切認められておりません。